VEGETARISCHE KÜCHE

Köstliche Gerichte –
von klassisch bis raffiniert

EDITION XXL

INHALT

VORWORT

Essen und Trinken hält Leib und Seele zusammen: eine alte Binsenweisheit, die auch heute noch gilt. Es ist ein Grundbedürfnis des Menschen, sich wohl zu fühlen, gesund und aktiv zu bleiben bis ins hohe Alter – und dennoch nicht auf genussreiches Essen verzichten zu müssen. Doch im Laufe der Zeit ist die Art der Ernährung zunehmend in den Fokus gerückt. Rinderwahnsinn, Gammelfleisch, Antibiotikarückstände und Massentierhaltung sind nur einige der Schlagworte, die vielen Menschen immer mehr den Appetit verderben. Dazu kommt, dass die sogenannten Zivilisationskrankheiten, wie Diabetes oder Herz-Kreislauf-Erkrankungen, sich weiter ausbreiten. Wissenschaftliche Studien führen dies auf die Lebensweise des modernen Menschen zurück: Stress, Bewegungsmangel und falsche Ernährung schwächen das Immunsystem.

Nun gibt es heute viele verschiedene Ernährungsweisen, die hier Abhilfe versprechen – und über deren Wirkung zum Teil heftig diskutiert wird. Einig sind sich aber die meisten Ernährungswissenschaftler darüber, dass Obst und Gemüse, Getreide sowie Nüsse und Samen besonders wertvolle Inhaltsstoffe enthalten und dass eine fleischlose Ernährung dem gesundheitlichen Wohlbefinden zugute kommt.

Die zahlreichen Rezepte in diesem Buch beweisen, dass vegetarisches Essen nichts mit Verzicht und sehr viel mit Genuss zu tun hat. Probieren Sie es aus: Köstlichkeiten wie Glasnudelsalat, Spinat-Pilz-Lasagne oder feuriges Gemüse-Chili werden Sie und Ihre Familie begeistern und Ihren Speiseplan bereichern!

Viel Freude bei der Entdeckung neuer Genüsse wünscht Ihnen

ELISABETH BANGERT

RATGEBER

Nach Angaben des Vegetarierbunds verzichtet alleine in Deutschland schon jeder Zehnte völlig auf Fleisch. Der Absatz von Fleischersatzprodukten und pflanzlichen Brotaufstrichen hat sich in den vergangenen fünf Jahren fast verdoppelt: Vor allem jüngere Konsumenten kaufen heute wesentlich mehr vegetarische und vegane Produkte als früher. Auch reduzieren immer mehr Menschen, die im Prinzip nichts gegen Fleisch haben, ihren Fleischkonsum. Allerdings ist der Vegetarismus keine moderne Erscheinung – er hat eine lange Geschichte und sein Ursprung geht bis in die Antike zurück. Einige der philosophischen Denker übten Fleischverzicht aus religiös-philosophischen Gründen. Der erste berühmte Vegetarier war Pythagoras (5. Jh. v. Chr.), der sagte: „Alles, was der Mensch den Tieren antut, kommt auf den Menschen wieder zurück."

Den wohl größten Vegetarieranteil an der Gesamtbevölkerung hat Indien mit 40 %. Der Grund hierfür ist die große Verbreitung des Hinduismus, der Respekt vor allen Geschöpfen, also auch den Tieren, gebietet. In Europa verbreitete sich der Vegetarismus ab dem 18. Jahrhundert und erst im 19. Jahrhundert wurden Organisationen wie der Vegetarierbund gegründet.

Die vegetarische Ernährungspyramide

Um die gesundheitsfördernde Wirkung der vegetarischen Ernährung zu erzielen, sollte man sich an folgenden Empfehlungen orientieren (tägliche Menge):

1 1–2 Liter Wasser, Tee oder andere alkoholfreie, kalorienarme Getränke
2 Ca. 400 g bzw. 3 Portionen Gemüse
3 Ca. 300 g bzw. 2 Portionen Obst
4 2–3 Portionen Getreide und/oder Kartoffeln
5 50–150 g Eiweißprodukte, wie Hülsenfrüchte oder Soja
6 30–60 g Nüsse und Samen
7 2–4 EL pflanzliche Öle und Fette
8 optional: bis zu 2 Eier (pro Woche)
9 optional: Milchprodukte (bis zu 250 g Milch/Joghurt oder bis zu 50 g Käse)
10 optional: Snacks, Alkohol und Süßigkeiten (in Maßen)

Was is(s)t ein Vegetarier?

Vegetarier sind Menschen, die aus verschiedenen Gründen auf den Verzehr von Fleisch verzichten. Doch Vegetarier ist nicht gleich Vegetarier – im Laufe der Zeit haben sich verschiedene Typen entwickelt:

- Ovo-Lacto-Vegetarier essen kein Fleisch und keinen Fisch, aber Eier und Milchprodukte.
- Lacto-Vegetarier essen kein Fleisch, keinen Fisch und keine Eier, aber Milchprodukte.
- Ovo-Vegetarier essen kein Fleisch, keinen Fisch, keine Milchprodukte, aber Eier.
- Veganer ernähren sich ausschließlich von pflanzlichen Lebensmitteln. Viele Veganer lehnen auch tierische Produkte wie Leder oder Wolle ab.

Die Vorteile der vegetarischen Küche

Wer sich für eine vegetarische Ernährung entscheidet, hat in der Regel gute Gründe, sei es der Gesundheit, dem Tierschutz oder der Umwelt zuliebe. Zahlreiche ernährungswissenschaftliche Studien belegen den Zusammenhang zwischen übermäßigem Konsum tierischer Fette und der Entstehung von Zivilisationskrankheiten, wie Übergewicht, Herz-Kreislauf-Erkrankungen oder Diabetes. Wer sich überwiegend pflanzlich ernährt, hat ein deutlich geringeres Risiko, daran zu erkranken. Auch die Liebe zum Tier und ethische Bedenken im Hinblick auf Massentierhaltung sind für viele ein Grund, ebenso wie die Umweltbelastung, die mit der intensiven Nutztierhaltung verbunden ist: Über 40 % der Getreideernte wird als Tierfutter verwendet. Um den hohen Bedarf an Ackerflächen zu decken, werden Wälder gerodet, die dann nicht mehr als natürlicher CO_2-Speicher zur Verfügung stehen.

Neben all diesen „rationalen" Gründen hat die vegetarische Küche noch einen wichtigen Pluspunkt: Sie ist abwechslungsreich, kreativ und schmeckt einfach köstlich!

Die Versorgung mit Nährstoffen

Wer keine Fleischprodukte isst, muss verstärkt darauf achten, dass der Körper dennoch mit allen wichtigen Nährstoffen versorgt wird. Die meisten Mineralstoffe und Vitamine nehmen wir mit Obst und Gemüse auf, die ja auch ein wesentlicher Bestandteil der vegetarischen Küche sind. Auch Getreide, Nüsse, Samen und Trockenfrüchte enthalten wertvolle Inhaltsstoffe. Vegetarier, die sich überwiegend aus diesen Lebensmittelgruppen ernähren, brauchen also keine Angst vor Unterversorgung haben – allerdings mit einer Ausnahme: Vitamin B12 ist nur in tierischen Lebensmitteln enthalten. Deshalb besteht – vor allem bei Veganern – die Gefahr von Mangelerscheinungen, denn Vitamin B12 ist wichtig für die Zellteilung, die Blutbildung und das Nervensystem. In diesem Fall ist die Einnahme eines Vitamin-B12-haltigen Nahrungsergänzungsmittels ratsam. Die Deutsche Gesellschaft für Ernährung empfiehlt, täglich 3 µg zuzuführen.

Die Versorgung des Organismus mit Eiweiß ist bei Ovo-Lakto-Vegetariern unproblematisch, da sie tierische Proteinquellen wie Eier oder Milchprodukte zu sich nehmen. Aber auch Veganer können ihren Proteinbedarf decken, indem sie Hülsenfrüchte, die reichlich Eiweiß enthalten, in ihren Speiseplan einbauen.

Die Aufnahme von Eisen aus Pflanzen wird wesentlich erleichtert, wenn man eisenhaltige Lebensmittel (z. B. Getreide, Hülsenfrüchte, Nüsse oder Samen) mit Vitamin-C-haltigen (z. B. Zitrusfrüchten, roten Paprika) kombiniert. Es ist inzwischen bewiesen, dass krankhafter Eisenmangel bei Vegetariern und Fleischessern gleich häufig vorkommt.

Die Gefahr einer Osteoporose durch Kalziummangel ist zwar bei Veganern trotz einer geringeren Kalziumaufnahme nicht größer als bei Gemischtköstlern, sie sollten aber dennoch auf eine geregelte Aufnahme durch die Nahrung achten (z. B. Brokkoli, Grünkohl, Mandeln).

Omega-3-Fettsäuren schützen das Herz und sind förderlich für Gehirn und Nervenzellen. Obwohl sie vorrangig in fettem Fisch, wie Hering oder Lachs, vorkommen, können auch Vegetarier von ihnen profitieren: Chia-Samen, Lein-, Raps- und Walnussöl sind ebenfalls gute Quellen.

Pflanzliche Alternativen

Es gibt zahlreiche eiweiß- und nährstoffreiche Lebensmittel, die sich als Ersatz für fleischhaltige Produkte eignen. Einige davon werden im Handel sogar in „Fleischform" angeboten, wie z. B. Sojageschnetzeltes oder vegane Wurst.

Sojaprodukte:

Die Grundlage für sämtliche Sojaprodukte ist die äußerst nährstoffreiche Sojabohne. Eingeweicht, gefiltert und gepresst wird sie zu *Tofu*, dem beliebten Fleischersatz-Klassiker. Tofu ist Bestandteil vieler vegetarischer Gerichte – mariniert, paniert, gebraten oder klein geschnitten und weiterverarbeitet. Eine würzige Variante ist der *Räuchertofu*. Eine aus Indonesien stammende Spezialität ist *Tempeh*, eine Art fermentierter Tofu mit leicht nussigem Geschmack.

Seitan:

Seitan kommt aus der japanischen Küche und besteht aus Weizeneiweiß. Aufgrund seiner fleischartigen Konsistenz dient er häufig als Grundlage für Fleischersatzprodukte wie Bratwürstchen oder Aufschnitt.

Süßlupine:

Die Süßlupine ist als Fleischersatz ein Newcomer. Ebenso eiweißreich wie die Sojabohne, hat sie einen entscheidenden Vorteil: Sie muss nicht importiert werden, sondern wächst auf heimischem Ackerboden. Im Handel wird sie in Form von Schnitzel, Würstchen u. Ä. angeboten. Allergiker sollten allerdings vorsichtig sein: Das in der Lupine enthaltene Protein kann Allergien auslösen, vor allem bei Menschen, die gegen Nüsse allergisch sind.

Getreide:

Viele Getreidesorten lassen sich sehr gut in der vegetarischen Küche einsetzen, z. B. in Form von Bratlingen oder Füllungen. Besonders beliebt ist *Grünkern*, das halbreif geerntete Korn des Dinkels. Seinen intensiven, nussigen Geschmack erhält er durch die Röstung nach der Ernte. Grünkern kann in Form von ganzen Körnern oder geschrotet weiterverarbeitet werden.

Graupen werden aus Gerste und manchmal auch aus Weizen hergestellt. Als sättigende Einlage für Suppen und Eintöpfe waren sie früher sehr beliebt und erleben nun ein Comeback.

Bulgur, der Weizenschrot aus dem Orient, ist bereits vorgegart und deshalb schnell zubereitet. Bulgursalat ist als Taboulé bekannt und beliebt. Dem Bulgur sehr ähnlich ist der aus der nordafrikanischen Küche stammende Couscous, ein Grieß aus Weizen, Gerste oder Hirse. Couscous ist noch schneller zubereitet, da er nur mit heißem Wasser übergoßen wird.

Hirse ist äußerst mineralstoffreich, verfügt über einen hohen Proteingehalt und ist zudem noch glutenfrei. Deshalb wird Hirse auch zur Herstellung von glutenfreiem Bier verwendet. Besonders gut schmeckt Hirse als Risotto oder als Suppeneinlage in Form von Nocken.

Quinoa:

Wie Buchweizen und Amarant gehört auch Quinoa zu den Pseudogetreiden, die alle glutenfrei sind und über einen hohen Gehalt an Omega-3-Fettsäuren, Antioxidantien und Protein verfügen. Aufgrund seines hohen Eiweißgehalts von bis zu 15 Prozent ist Quinoa eine wertvolle Bereicherung der vegetarischen Küche: wie Reis gekocht als Beilage oder als Suppeneinlage, in Aufläufen und als Bratlinge.

Hülsenfrüchte:

Für Vegetarier sind Hülsenfrüchte eine nahezu unverzichtbare Lebensmittelgruppe. Bohnen, Linsen und Co. sind reich an hochwertigem Eiweiß, Vitaminen sowie Mineral- und Ballaststoffen, enthalten aber nur sehr wenig Fett. Einziger Nachteil: Sie müssen vor der Verarbeitung meist über Nacht in Wasser eingeweicht werden, man muss also entsprechend viel Zeit einplanen. *Schwarze Bohnen*, bisher vor allem aus der karibischen Küche bekannt, erobern immer mehr die Speisekarten vegetarischer Restaurants, vor allem in Form der in Amerika schon lange beliebten „Black Bean Burger". Die *Kichererbse* ist aufgrund ihrer positiven Nährstoffzusammensetzung ein absolutes Highlight auf dem Speiseplan von Vegetariern, da sie mehr Eiweiß als einige Fleischsorten enthält. Wir kennen sie vor allem in Form der orientalischen Falafel, sie kommt aber auch in vielen anderen Gerichten zum Einsatz. *Linsen* gibt es in verschiedenen Farben: Neben den bekannten braunen Tellerlinsen sind rote, gelbe, grüne und schwarze Linsen erhältlich. Die vielseitigen Linsen schmecken nicht nur in Suppen, sondern auch als Püree, Brotaufstrich, Salat oder in Currys.

Salat mit FETA und WASSERMELONE

ZUTATEN *für 4 Personen*

1 Wassermelone (ca. 1 kg)
200 g Feta
1 rote Zwiebel
½ Salatgurke
2 EL Balsamico-Essig
2 EL Olivenöl
Pfeffer
einige Minzblättchen
schwarze Oliven (entsteint)

ZUBEREITUNG

1. Die Melone vierteln und das Fruchtfleisch herausschneiden, dann entkernen und in Stücke schneiden.

2. Den Feta in Würfel schneiden. Die Zwiebel abziehen, halbieren und in Ringe schneiden. Die Salatgurke waschen und in Stücke schneiden. Einen Servierteller nach Belieben mit einigen Salatblättern auskleiden. Die Gurkenstücke, das Melonenfruchtfleisch, die Zwiebel und den Feta daraufgeben.

3. Den Balsamico und das Olivenöl darüberträufeln, mit Pfeffer würzen und mit einigen Minzblättchen sowie den Oliven dekoriert servieren.

DIESER SALAT SCHMECKT AM BESTEN, WENN ER MÖGLICHST BALD NACH DER ZUBEREITUNG VERZEHRT WIRD.

WALDORFSALAT mit Birnen

ZUTATEN *für 4 Personen*

250 g Knollensellerie
2 Romanasalatherzen
2 Birnen
2 EL Zitronensaft
4 EL Orangensaft
1–2 EL Pflanzenöl
125 ml süße Sahne
½ EL Apfelessig
1 EL Walnussöl
100 g kernlose, grob gehackte Weintrauben
3 EL grob gehackte Walnüsse
Zucker
Salz, Pfeffer

ZUBEREITUNG

1 Die Sellerieknolle schälen und reiben oder in feine Stifte schneiden. Mit einer kleinen Prise Salz und Zucker durchmengen.

2 Den Salat waschen und den Strunk abschneiden. Der Länge nach halbieren und schräg in feine Streifen schneiden. Die Birnen waschen, bei Bedarf schälen, vierteln, entkernen und in Spalten schneiden.

3 Den Zitronen- und den Orangensaft mit dem Pflanzenöl verrühren. Mit etwas Salz und Pfeffer würzen und mit dem Salat und den Birnen mischen.

4 Die Sahne mit dem Essig, dem Walnussöl und den gehackten Weintrauben verrühren, mit Salz und Pfeffer würzen. Den Sellerie mit dieser Soße vermischen.

5 Die Birnen und den Salat in die Mitte der Teller setzen. Den Sellerie daraufgeben. Zum Schluss die Walnüsse über den Waldorfsalat streuen.

Fruchtiger FELDSALAT mit KARTOFFELPLÄTZCHEN

ZUBEREITUNG

1 Für die Kartoffelplätzchen die Kartoffeln waschen, in der Schale gar kochen, pellen und durch eine Presse drücken. Die Butter schmelzen und mit dem Ei zu den Kartoffeln geben. Die Kartoffelstärke nach und nach einarbeiten. Die Petersilie dazugeben und mit Muskat, Salz und Pfeffer würzen.

2 Aus dem Kartoffelteig eine ca. 4 cm dicke Rolle formen und diese in 1 cm dicke Scheiben schneiden. Die Kartoffelplätzchen in 2 EL heißem Öl von beiden Seiten goldgelb anbraten, herausnehmen, auf Küchenkrepp legen und warm stellen.

3 Den Feldsalat putzen, waschen und trocken schleudern. Die Ananas in ein Sieb abgießen und die Ananasringe vierteln. Den Granatapfel aufbrechen und die Kerne herauslösen.

4 Die Margarine mit 1 TL Honig in einer Pfanne erhitzen und die Ananasringe darin anbraten. Den restlichen Honig, das Öl, den Essig und den Senf gut miteinander verrühren.

5 Den Feldsalat auf einer Platte oder einem Teller verteilen. Die warmen Kartoffelplätzchen und die angebratenen Ananasringe auf dem Feldsalat anrichten und mit dem Dressing beträufeln. Den Salat sofort servieren.

WER DEN TEIG FÜR DIE KARTOFFELPLÄTZCHEN NICHT SELBER MACHEN MÖCHTE, KANN AUCH FERTIGEN KLOSSTEIG VERWENDEN.

ZUTATEN *für 3 Personen*

Für den Salat:

150 g Feldsalat
150 g Ananas (aus der Dose)
1 Granatapfel
1 TL Margarine

Für das Dressing:

2 EL Pflanzenöl
2 TL Honig
2 EL Pflanzenöl
1 EL Balsamico-Essig
1 TL Senf

Für die Kartoffelplätzchen:

300 g mehligkochende Kartoffeln
1 EL Butter
1 Ei
3 EL Kartoffelstärke
1 EL gehackte Petersilie
2 EL Pflanzenöl
Muskat, Salz, Pfeffer

GLASNUDELSALAT

ZUTATEN *für 4 Personen*

2 Schalotten
2 Knoblauchzehen
1 Stück Ingwer (ca. 2 cm)
250 g Karotten
1 Salatgurke
½ rote Chilischote
3 Stangen Frühlingszwiebeln
1 Limette
4 EL Margarine
2 EL frischer Koriander, geschnitten
4 EL Sojasoße
4 EL Pflanzenöl
200 g Glasnudeln
Zucker
Salz, Pfeffer

ZUBEREITUNG

1 Die Schalotten, den Knoblauch, den Ingwer und die Karotten schälen und fein würfeln, bzw. in dünne Scheiben schneiden. Die Gurke schälen, halbieren, entkernen und in feine Streifen schneiden. Die Chili halbieren, entkernen und fein würfeln.

2 Die Frühlingszwiebeln waschen, putzen und in feine Ringe schneiden. Die Limette heiß abwaschen, trocken tupfen, die Schale dünn abreiben und den Saft auspressen.

3 Die Margarine in einer Pfanne erhitzen, die Schalotten, den Knoblauch, den Ingwer und die Karotten bei mittlerer Hitze ca. 2 Minuten darin andüsten. Mit einer Prise Zucker sowie Salz und Pfeffer würzen.

4 Den Limettensaft, den Koriander, die Sojasoße und das Öl mit einem Schneebesen zu einem Dressing verrühren und mit Salz und Zucker kräftig abschmecken. Die Glasnudeln in kochendem Wasser ca. 3 Minuten garen, in ein Sieb schütten und sofort unter kaltem Wasser abschrecken. Die Glasnudeln mit einer Schere in mundgerechte Stücke schneiden.

5 Die Glasnudeln zusammen mit dem Gemüse in eine große Schüssel geben. Das Dressing darübergießen und alles vorsichtig vermischen. Den Salat ca. 30 Minuten marinieren. Vor dem Servieren noch einmal abschmecken.

GRILLGEMÜSESALAT

ZUTATEN *für 4 Personen*

2 rote Paprikaschoten
2 gelbe Paprikaschoten
2 Zucchini
100 g Champignons
1 rote Zwiebel
1 Knoblauchzehe
1 TL Kräuter der Provence
5 EL Olivenöl
2 EL Balsamico-Creme
Salz, Pfeffer
einige Blättchen
glatte Petersilie

ZUBEREITUNG

1 Die Paprika und die Zucchini waschen und putzen. Die Paprika in breite Streifen und die Zucchini in dicke Scheiben schneiden. Die Champignons putzen, mit einem Pinsel reinigen und halbieren.

2 Die Zwiebel und den Knoblauch abziehen. Die Zwiebel halbieren und in Ringe schneiden und den Knoblauch sehr fein hacken.

3 Das Gemüse, die Pilze und die Zwiebel mit dem Knoblauch, den Kräutern und Pfeffer würzen und mit dem Olivenöl vermischen. Portionsweise im Backofen in einer Grillschale 8–12 Minuten unter gelegentlichem Wenden grillen und mit Salz würzen.

4 Das Grillgemüse in einer Schüssel anrichten. Mit der Balsamico-Creme nach Belieben beträufeln und mit einigen Blättchen Petersilie bestreuen. Dazu passt frisches Ciabatta-Brot.

NACH BELIEBEN EINE FEINGEHACKTE ROTE CHILISCHOTE UNTERMISCHEN.

Knoblauch-BROTSALAT

ZUTATEN *für 4 Personen*

Für den Salat:
200 g Rucola
200 g Cocktailtomaten
1 Ciabatta-Brot
6 Knoblauchzehen
2 EL Olivenöl
Salz, Pfeffer

Für das Dressing:
1 TL Zucker
2 EL Balsamico-Essig
3 EL Pflanzenöl
1 Päckchen Kräutermischung (tiefgekühlt)
Salz

ZUBEREITUNG

1 Den Rucola waschen, trocken schleudern oder gut abtropfen lassen und in mundgerechte Stücke zupfen. Die Tomaten waschen und halbieren. Den Backofen auf 200 °C vorheizen.

2 Das Ciabatta-Brot der Länge nach halbieren. Den Knoblauch abziehen, durch due Knoblauchpresse drücken und mit dem Olivenöl verrühren. Auf das Brot streichen, nach Belieben salzen und pfeffern. Das Brot in Würfel schneiden, auf einem mit Backpapier belegten Backblech verteilen und im vorgeheizten Ofen ca. 15 Minuten rösten, dann etwas abkühlen lassen.

3 Für das Dressing den Zucker, Salz und 2 EL Wasser vermischen. Dann den Balsamico-Essig, das Öl und die Kräuter dazugeben und alles gut verrühren. Mit dem Rucola und den Tomaten zu einem Salat vermischen. Die Brotwürfel dazugeben und den Brotsalat sofort servieren.

GRÜNER SALAT mit HIMBEEREN

ZUTATEN *für 4 Personen*

Für den Salat:
100 g Himbeeren
250 ml süße Sahne
2 EL Essig
200 g Blattsalat nach Wahl
Zucker
Salz, Pfeffer

Weitere Zutaten nach Wahl:
Champignons
Salatgurke
Croûtons
Nüsse oder Kerne (geröstet)

ZUBEREITUNG

1. Die Himbeeren mit der Sahne pürieren (ein paar Beeren für die Dekoration zurückbehalten). Mit Essig, Zucker, Salz und Pfeffer pikant abschmecken.

2. Den Salat waschen, gut abtropfen lassen und mundgerecht zerpflücken. Mit weiteren Zutaten nach Wahl, wie z. B. zerkleinerte Champignons, Salatgurke, Croûtons oder Nüssen, auf Tellern anrichten.

3. Mit dem Dressing beträufeln, mit einigen Himbeeren dekorieren und servieren.

ZUCCHINICREMESUPPE mit KNUSPERRAUTEN

ZUTATEN *für 4 Personen*

Für die Suppe:
1 kleine Zwiebel
1 Knoblauchzehe
400 g kleine Zucchini
2 TL Pflanzenöl
500 ml Gemüsebrühe
25 g Schmelzkäse
1 EL trockener Sherry
Salz, Pfeffer

Für die Rauten:
2 Scheiben Vollkorntoast

Zum Garnieren:
rote Brunnenkresse

ZUBEREITUNG

1 Die Zwiebel und den Knoblauch abziehen und fein hacken. Die Zucchini putzen und waschen. Von einer Zucchini längs 4 dünne Scheiben hobeln und zugedeckt beiseitestellen. Die restlichen Zucchini würfeln.

2 1 TL Öl in einem Topf erhitzen und das Gemüse darin hell andünsten. Die Brühe dazugießen, ca. 5 Minuten bei schwacher Hitze kochen und dann den Schmelzkäse hinzufügen. Die Suppe pürieren, mit Salz und Pfeffer abschmecken und nach Belieben mit Sherry verfeinern.

3 Das Toastbrot entrinden und in kleine Rauten schneiden. Das restliche Öl in einer beschichteten Pfanne erhitzen und die Rauten goldgelb rösten. Die Zucchinischeiben in kochendem Wasser etwa 10 Sekunden blanchieren, kalt abschrecken und abtropfen lassen.

4 Die Suppe auf Teller verteilen, die Rauten und die Zucchinischeiben daraufgeben und mit der Kresse garniert servieren.

TOMATENGRÄUPCHEN

ZUTATEN *für 4 Personen*

Für die Suppe:
125 g Perlgraupen
2 EL Butter
1 EL Mehl
etwas heiße Gemüsebrühe
100 g Knollensellerie
1 Zwiebel
1 EL Pflanzenöl
250 ml Gemüsebrühe
2 EL Tomatenmark
1 Dose geschälte Tomaten
Zucker
Salz, Pfeffer

Zum Garnieren:
gehackte Petersilie

ZUBEREITUNG

1 Die Graupen in Salzwasser ca. 50–60 Minuten weich kochen.

2 Für eine Mehlschwitze die Butter in einer Pfanne erhitzen, bis ganz kleine Bläschen zu sehen sind. Das Mehl darübergeben und vermischen. Dann die heiße Gemüsebrühe dazugeben und gut verrühren. So lange Flüssigkeit nachgießen, bis eine sämige Flüssigkeit entstanden ist. Die Mehlschwitze beiseitestellen.

3 Den Sellerie schälen, waschen und würfeln. Die Zwiebel abziehen und würfeln. Das Öl in einem großen Topf erhitzen und die Zwiebel und den Sellerie darin andünsten. Die Gemüsebrühe angießen und zugedeckt ca. 10 Minuten kochen.

4 Das Tomatenmark und die geschälten Tomaten dazugeben. Die Tomaten mit einem Kochlöffel grob zerdrücken. Weitere 5 Minuten köcheln lassen und mit einer Prise Zucker, Salz und Pfeffer abschmecken.

5 Die Mehlschwitze zur Suppe geben und unter Rühren 1 Minute kochen lassen. Die Graupen abgießen, dazugeben und nochmals abschmecken. Mit gehackter Petersilie bestreut servieren.

ROTE-BETE-SUPPE mit BAGUETTESCHEIBEN

ZUTATEN *für 4 Personen*

Für die Suppe:
1 Schalotte
500 g Rote Bete
50 g Margarine
1 TL Fenchelsamen
750 ml Gemüsebrühe
Zucker
Salz, Pfeffer

Für die Baguettescheiben:
½ Baguette
30 g Margarine
2 EL Zucker
Salz, Pfeffer

Zum Garnieren:
1 EL gehackte Petersilie

TRAGEN SIE HANDSCHUHE, DENN DER ROTE-BETE-SAFT FÄRBT STARK AB!

ZUBEREITUNG

1 Die Schalotte abziehen und fein würfeln. Die Rote Bete schälen und in Würfel schneiden.

2 Die Margarine in einem Topf erhitzen und die gewürfelte Schalotte und die Fenchelsamen darin dünsten. Die Rote Bete und die Gemüsebrühe dazugeben, aufkochen und ca. 20 Minuten kochen.

3 Die Suppe fein pürieren und mit Salz, Pfeffer und Zucker abschmecken.

4 Für die Baguettescheiben das Baguette in dünne Scheiben schneiden. Die Margarine in einer Pfanne zerlassen, den Zucker darin schmelzen lassen und Salz und Pfeffer dazugeben.

5 Die Baguettescheiben hineingeben und bei mittlerer Hitze karamellisieren lassen. Zum Schluss Petersilie darüberstreuen und zur Suppe servieren.

LAGERN SIE DIE MANGO NICHT IM KÜHLSCHRANK, DENN KÄLTE ZERSTÖRT DEN AROMATISCHEN GESCHMACK.

MANGO-SUPPE

ZUTATEN *für 4 Personen*

150 g Aprikosen
250 g Mangofruchtfleisch
1 kleine Schalotte
1 Knoblauchzehe
1 rote Chilischote
2 EL Margarine
200 ml Aprikosensaft
600 ml Gemüsebrühe
150 ml süße Sahne
3 TL Currypulver

ZUBEREITUNG

1 Die Aprikosen waschen und abtrocknen (Dosenfrüchte auf einem Sieb gut abtropfen und den Saft auffangen). Frische Früchte entsteinen und grob würfeln. Die Mango schälen, das Fruchtfleisch vom Kern schneiden und würfeln.

2 Die Schalotten und den Knoblauch abziehen und fein würfeln. Die Chilischoten waschen, längs halbieren, entkernen und fein würfeln.

3 Die Margarine in einem Topf erhitzen. Die Schalotten, den Knoblauch und die Chili kurz andünsten. Die Aprikosen- und Mangowürfel zugeben und kurz mitdünsten. Den Aprikosensaft und die Gemüsebrühe dazugießen und bei mittlerer Hitze ca. 20 Minuten kochen.

4 Die Mango-Suppe fein pürieren, eventuell durch ein Sieb streichen und warm halten. Die Sahne mit den Quirlen des elektrischen Handrühres aufschlagen und das Currypulver unterrühren. Die Mango-Suppe in Tassen verteilen und die geschlagene Sahne darübergeben.

KÜRBISSUPPE mit KOKOSMILCH und INGWER

ZUTATEN *für 3 Personen*

9 dünne Scheiben Baguette
4 EL Olivenöl
1 Zwiebel
1–2 Knoblauchzehen
375 g Kürbisfleisch
1 EL brauner Zucker
2 TL Gemüsebrühe
300 ml Kokosmilch
15 ml Limettensaft
40 g Butter
20 g frischer Ingwer
½ Bund Koriander (nach Belieben)
Salz, Pfeffer

VERWENDEN SIE HOKKAIDO-KÜRBIS – ER MUSS NICHT GESCHÄLT WERDEN.

ZUBEREITUNG

1 Den Backofen auf 180 °C vorheizen. Das Baguette mit 1–2 EL Olivenöl beträufeln, salzen und im vorgeheizten Backofen goldbraun backen.

2 Die Zwiebel und den Knoblauch abziehen und klein hacken, den Kürbis würfeln. Im restlichen Olivenöl andünsten und mit dem Zucker glasieren. 375 ml Wasser, die Gemüsebrühe, die Kokosmilch und den Limettensaft zugießen, aufkochen und ca. 15 Minuten kochen.

3 Etwa 100 g von der Kürbis-Mischung als Einlage für die fertige Suppe herausnehmen und beiseitestellen. Die Suppe zusammen mit der Butter fein pürieren.

4 Den Ingwer fein hacken und dazugeben. Die Suppe aufkochen lassen und mit Salz und Pfeffer abschmecken. In Schälchen verteilen und jeweils etwas von der zurückbehaltenen Kürbis-Mischung hineingeben. Nach Wunsch mit gehacktem Koriander bestreuen.

BOHNENEINTOPF mit MINZPESTO

ZUTATEN *für 3 Personen*

150 g frische Ackerbohnen
200 g Suppengrün
200 g Kartoffeln
600 ml Gemüsebrühe
150 g weiße Bohnen (Dose)
10 Minzblättchen
1 Knoblauchzehe
1 EL Pflanzenöl
2 TL gemahlene Mandeln
2 TL geriebener Parmesan
getrocknetes Bohnenkraut
Salz, Pfeffer

ZUBEREITUNG

1 Die Ackerbohnen in kochendes Salzwasser geben, 5 Minuten kochen, abgießen, abschrecken und die Bohnenkerne aus den Hülsen drücken. Das Suppengrün putzen, die Kartoffeln schälen, beides in Würfel schneiden und in die kochende Gemüsebrühe geben. Zugedeckt bei mittlerer Hitze 15–20 Minuten garen. Die Bohnenkerne und die weißen Bohnen nach 10 Minuten zugeben und fertig garen.

2 Inzwischen die Minzblättchen mit dem abgezogenen Knoblauch hacken, mit dem Pflanzenöl, den Mandeln und dem Parmesan im Mixer fein pürieren. Mit Pfeffer würzen. Den Eintopf mit Pfeffer und etwas Bohnenkraut würzen, eventuell mit Salz abschmecken und mit dem Minzpesto servieren. Dazu passt mit Butter bestrichenes Vollkornbrot.

ZUTATEN *für 4 Personen*

Für die Suppe:
1 Stange Lauch
1 Knoblauchzehe
300 g grüne Bohnen
400 g Kartoffeln
2 EL Olivenöl
1 l Gemüsebrühe
1 kleines Bund Basilikum
gehobelter Parmesan
Salz, Pfeffer

Für das Pesto:
50 g Pinienkerne
2 Handvoll Basilikum
1–2 Knoblauchzehen
80 g Parmesan
125 ml Olivenöl
Salz, Pfeffer

WER NICHT SO VIEL ZEIT HAT, KANN NATÜRLICH AUCH EIN FERTIGES PESTO KAUFEN.

GEMÜSESUPPE mit BASILIKUM-PESTO

ZUBEREITUNG

1 Für das Pesto die Pinienkerne in einer Pfanne ohne Fett goldgelb rösten, aus der Pfanne nehmen und abkühlen lassen.

2 Das Basilikum abbrausen, trocken schütteln und die Blätter von den Stielen zupfen. Die Knoblauchzehen abziehen und halbieren.

3 Den Parmesan reiben. Das Basilikum, die Pinienkerne und den Knoblauch mit dem Pürierstab pürieren oder im Mörser zerstoßen. Dabei nach und nach das Olivenöl dazugeben, bis ein sämiges Pesto entstanden ist.

4 Zum Schluss den Parmesan untermischen und mit Salz und Pfeffer abschmecken. Dann das Pesto beiseitestellen.

5 Für die Suppe den Lauch putzen, waschen und in Ringe schneiden. Den Knoblauch abziehen und fein würfeln. Die Bohnen waschen, putzen und in Stücke schneiden. Die Kartoffeln schälen, waschen und in ca. 1 cm große Würfel schneiden.

6 Das Olivenöl in einem Topf erhitzen. Den Lauch und den Knoblauch darin andünsten. Die Bohnen und die Kartoffeln kurz mit andünsten, mit der Gemüsebrühe ablöschen und aufkochen. Mit etwas Salz und Pfeffer würzen. Zugedeckt ca. 20 Minuten köcheln lassen.

7 In der Zwischenzeit das Basilikum waschen, trocken schütteln, die Blättchen abzupfen und, bis auf einige zum Garnieren, in Streifen schneiden.

8 Die Basilikumstreifen und 2 EL des Pestos in die Suppe rühren. Die Suppe in Tellern anrichten und mit dem restlichen Basilikum und gehobeltem Parmesan bestreut servieren. Vom restlichen Pesto jeweils einen Klecks auf die Suppe geben.

IM KÜHLSCHRANK GELAGERT IST DAS PESTO SOGAR 1-2 WOCHEN HALTBAR.

Rote LINSENSUPPE

DAZU PASST SEHR GUT FRISCHES FLADENBROT ODER BAGUETTE.

ZUTATEN *für 4 Personen*

2 Karotten
1 rote Paprikaschote
1 Zwiebel
2 Knoblauchzehen
1 rote Chilischote
2 EL Pflanzenöl
1 TL geriebener Ingwer
1 TL Kreuzkümmel
1 kleine Dose gehackte Tomaten
150 g rote Linsen
500 ml Gemüsebrühe
1 TL Zitronensaft
Salz, Pfeffer
einige Minzblättchen

ZUBEREITUNG

1 Die Karotten schälen, die Paprika putzen und beides in kleine Stücke schneiden. Die Zwiebel und den Knoblauch abziehen und fein hacken. Die Chilischote entkernen und ebenfalls fein hacken.

2 Das Öl in einem großen Topf erhitzen und die Zwiebel, den Knoblauch und die Chili kurz anschwitzen. Den Ingwer und den Kreuzkümmel hinzufügen und kurz mitrösten. Die Karotten- und Paprikastücke, die Tomaten und die Linsen dazugeben und mit der Gemüsebrühe auffüllen. 10–15 Minuten köcheln lassen.

3 Mit dem Zitronensaft, Salz und Pfeffer abschmecken und mit Minzblättchen bestreut servieren.

CHILI sin CARNE

ZUTATEN *für 4 Personen*

150 g Sojagranulat
250 ml Gemüsebrühe
2 Zwiebeln
4 Knoblauchzehen
1–2 rote Chilischoten
1 rote Paprikaschote
2 Lauchzwiebeln
2 EL Pflanzenöl
1 Dose gehackte Tomaten
1 Dose Kidneybohnen
1 Dose Mais
Salz, Pfeffer
einige Korianderblättchen

ZUBEREITUNG

1 Das Sojagranulat in der heißen Gemüsebrühe einweichen. Die Zwiebeln und den Knoblauch abziehen und klein schneiden. Die Chilischoten putzen und in feine Ringe schneiden. Die Paprika und die Lauchzwiebeln ebenfalls putzen und klein schneiden.

2 Das eingeweichte Sojagranulat abtropfen lassen und im heißen Öl zusammen mit den Zwiebeln, dem Knoblauch, dem Chili und dem Gemüse einige Minuten anbraten.

3 Die gehackten Tomaten, die Bohnen und den Mais hinzufügen und alles ca. 15 Minuten leicht köcheln lassen. Mit gehackten Korianderblättchen bestreuen und servieren.

VARIIEREN SIE DIE SCHÄRFE DES CHILIS, INDEM SIE DIE MENGE DER CHILISCHOTEN ERHÖHEN ODER VERRINGERN.

FÜLLEN SIE DIE WEINBLÄTTTER ZUR ABWECHSLUNG MIT ZIEGENKÄSE ODER CAMEMBERT – EIN KÖSTLICHER SNACK FÜR ZWISCHENDURCH!

Gefüllte WEINBLÄTTER in ZITRONENSOSSE

ZUTATEN *für 4 Personen*

GRIECHISCHER JOGHURT HAT EINEN HÖHEREN FETTGEHALT: 10%

Für die Weinblätter:

24 Weinblätter
2 Zwiebeln
3 EL Olivenöl
40 g Pinienkerne
30 g Korinthen
100 g Langkornreis
200 ml Gemüsebrühe
einige Zitronenscheiben
gemahlener Piment
Salz, Pfeffer

Für die Soße:

1 Zwiebel
1 EL Butter
300 ml Gemüsebrühe
abgeriebene Schale und Saft von 1 unbehandelten Zitrone
3 EL Soßenbinder für helle Soßen
2 EL griechischer Joghurt
2 EL gehackter Dill
Zucker
Salz, Pfeffer

ZUBEREITUNG

1 Die einzelnen Weinblätter trennen und in kochendem Wasser 6–8 Minuten vorgaren. Dann die Weinblätter vorsichtig aus dem Wasser nehmen und auf Geschirrtüchern ausbreiten.

2 Die Zwiebeln abziehen und fein hacken. Das Olivenöl in einem Topf erhitzen und die Pinienkerne darin goldbraun rösten. Die Zwiebeln, die Korinthen und den Reis einrühren. Die Brühe angießen und mit Salz, Pfeffer und einer Prise Piment würzen. Den Reis zugedeckt nach Packungsanweisung garen.

3 Auf die breite Seite jedes Weinblattes etwa 2 TL von der Reismasse geben. Die breite Seite über den Reis legen, dann die Längsseiten einschlagen und zur Spitze hin aufrollen.

4 Die Weinblätter mit der Naht nach unten dicht an dicht in einen Topf legen. Die Zitronenscheiben darauflegen, alles mit Wasser bedecken und mit einem Teller beschweren. Bei schwacher Hitze ca. 45 Minuten leise köcheln, dann lauwarm abkühlen lassen.

5 Für die Soße die Zwiebel abziehen und fein hacken. Die Butter erhitzen und die Zwiebel darin andünsten. Die Gemüsebrühe, die Zitronenschale und den Zitronensaft zugeben. Aufkochen lassen, den Soßenbinder einstreuen und unter Rühren 1 Minute köcheln lassen.

6 Den Joghurt und den Dill unterrühren und mit Salz, Pfeffer und einer Prise Zucker abschmecken. Die Weinblätter mit der Zitronensoße auf Tellern anrichten und servieren.

KICHERERBSENBÄLLCHEN

ZUTATEN *für 4 Personen*

1 Dose Kichererbsen (400 ml)
1 Zwiebel
1 Knoblauchzehe
1 Scheibe Toastbrot
½ Bund Petersilie
2 TL gemahlener Koriander
2 TL gemahlener Kreuzkümmel
2 EL Mehl
1 TL Backpulver
1 l Pflanzenöl
Salz, Pfeffer

ZUBEREITUNG

1 Die Kichererbsen in einem Sieb kalt abspülen und abtropfen lassen. Die Zwiebel abziehen und in Würfel schneiden. Den Knoblauch abziehen und fein pressen. Das Toastbrot grob zerpflücken. Die Petersilie waschen, trocken schütteln, die Blätter abzupfen und fein hacken.

2 Die Kichererbsen, die Zwiebeln, den Knoblauch, das Brot und die Petersilie mit dem Pürierstab fein zerkleinern. Mit Koriander, Kreuzkümmel, Salz und Pfeffer abschmecken. Das Mehl mit dem Backpulver vermischen und unterkneten.

3 Aus dem Teig walnussgroße Kugeln formen, leicht flachdrücken und portionsweise mit einer Siebkelle ins heiße Öl geben. 3–5 Minuten goldbraun frittieren und auf Küchenpapier abtropfen lassen.

DAZU PASSEN EIN FRISCHER SALAT, EINE JOGHURT-KNOBLAUCH-SOSSE UND FLADENBROT.

ZUCCHINI-TÖRTCHEN

ZUTATEN *für 12 Stück*

Für die Muffins:
1 Zucchini
100 g Schafskäse
1 Bund Schnittlauch
125 g weiche Margarine
2 Eier
250 g Mehl
2 TL Backpulver
1 TL Salz
125 ml Milch

Für den Belag:
100 g Frischkäse
2 Beete Kresse

ZUBEREITUNG

1 Den Backofen auf 200 °C vorheizen. Die Mulden einer Muffinform einfetten und mit Mehl ausstreuen oder mit Papierförmchen auslegen.

2 Die Zucchini waschen, halbieren, entkernen und in Würfel schneiden. Den Schafskäse zerpflücken oder in Würfel schneiden. Den Schnittlauch waschen, trocken schütteln und in Ringe schneiden.

3 Die Margarine und die Eier mit den Quirlen des elektrischen Handrührers aufschlagen. Das Mehl, das Backpulver und das Salz vermischen. Im Wechsel mit der Milch unter den Teig rühren. Die Zucchini, den Schafskäse und den Schnittlauch unterheben.

4 Den Teig in die Muffinförmchen füllen und 20–25 Minuten im vorgeheizten Ofen backen. Die Zucchini-Schafskäse-Muffins etwas abkühlen lassen, mit Frischkäse bestreichen und mit Kresse bestreut servieren.

SUSHIRÖLLCHEN mit WASABIDRESSING auf Salat

ZUTATEN *für 4 Personen*

1 Knoblauchzehe
1 unbehandelte Limette
250 ml süße Sahne
1–2 TL Wasabipaste
1–2 TL Zucker
3 EL Reisessig
4 Stangen Staudensellerie
8 Stangen weißer Spargel
100 g Zuckerschoten
½ Kopf Friséesalat
½ Kopf Lollo rosso
50 g Radieschensprossen (ersatzweise Sojasprossen)
250 g Erdbeeren
2 EL süße Sojasoße
4 Reisblätter (Ø 22 cm)
20 g gerösteter Sesam
Salz, Pfeffer

FRISÉESALAT = KRAUSE ENDIVIE

ZUBEREITUNG

1 Den Knoblauch abziehen und fein würfeln. Die Limette heiß abspülen, die Haut dünn abraspeln und den Saft auspressen. Die Sahne, den Wasabi, den Knoblauch, den Zucker, den Reisessig, den Limettensaft und -abrieb mit einem Schneebesen zu einem Dressing vermischen und mit Salz und Pfeffer abschmecken.

2 Den Staudensellerie und den Spargel waschen, schälen, die unteren Enden abschneiden und auf gleiche Länge schneiden. Die Zuckerschoten waschen. 500 ml Wasser mit etwas Salz und Zucker in einem Topf aufkochen.

3 Den Staudensellerie hineingeben, einmal aufkochen und 15 Minuten bei mittlerer Hitze weitergaren. Nach 5 Minuten den Spargel und nach weiteren 5 Minuten die Zuckerschoten dazugeben. Das Gemüse in sehr kaltem Wasser abschrecken und auf einem Sieb abtropfen lassen.

4 In der Zwischenzeit die Salate putzen, waschen und trocken schleudern. Den Salat in mundgerechte Stücke zupfen, auf flachen Tellern anrichten und die Radieschensprossen darüber verteilen. Die Erdbeeren putzen, in Scheiben schneiden, mit 1 EL Sojasoße marinieren und auf dem Salat anrichten.

5 Nacheinander je ein Reisblatt in heißem Wasser kurz wässern, bis es weich ist. Dann auf eine geölte Arbeitsfläche legen und mit dem Wasabidressing beträufeln. Mit zwei Stangen Spargel, einer Stange Staudensellerie und 5–6 Zuckerschoten belegen und fest einrollen.

6 Den Sesam auf einem flachen Teller ausbreiten und die Reisblattröllchen darin nacheinander wenden, schräg halbieren und auf dem Salat anrichten. Den Salat mit dem Wasabidressing beträufeln und den Rest der Sojasoße auf die Reisblattröllchen geben.

WASABI, DER JAPANISCHE MEERRETTICH, IST ALS PULVER ODER PASTE ERHÄLTLICH.

CAPONATA

ZUTATEN *für 4 Personen*

2 Auberginen
2 rote Paprikaschoten
1 Stange Staudensellerie
2 Zwiebeln
2 EL Olivenöl
1 Dose Tomaten
20 g Rosinen
2 EL Pinienkerne
1 EL Balsamico-Essig
1 TL Honig
Chilipulver
Salz, Pfeffer
4 Ciabatta-Brötchen
Basilikumblättchen

ZUBEREITUNG

1 Die Auberginen, die Paprika und den Sellerie putzen und in Stücke schneiden. Die Zwiebeln abziehen und klein hacken.

2 Die Auberginen im heißen Öl anbraten, dann nach und nach die Paprika, die Zwiebeln und den Sellerie hinzufügen. Die Tomaten dazugeben, mit etwas Chilipulver und Salz würzen und mit geschlossenem Deckel ca. 10 Minuten schmoren.

3 Die Rosinen und die Pinienkerne unterrühren und alles mit Balsamico, Honig, Chili, Salz und Pfeffer abschmecken. Die Brötchen halbieren, die Caponata darauf verteilen und mit Basilikum dekorieren.

WRAPS mit SCHMANDSOSSE

ZUTATEN *für 4 Personen*

Für die Wraps:
4 Blatt Kraussalat
1 Avocado
1 TL Zitronensaft
2 Tomaten
½ rote Paprikaschote
1 rote Zwiebel
4 Tortilla-Wraps

Für die Schmandsoße:
1 Knoblauchzehe
250 g Schmand
1 EL fein gehackte Petersilie
1 TL Zitronensaft
1 TL Senf
Salz, Pfeffer

WER MÖCHTE, KANN DIE TORTILLA-WRAPS VOR DEM BELEGEN KURZ IN EINER PFANNE ERWÄRMEN.

ZUBEREITUNG

1 Den Salat waschen und trocken schütteln. Die Avocado schälen, das Fruchtfleisch in Stücke schneiden und mit dem Zitronensaft beträufeln. Die Tomaten und die Paprika waschen, putzen und klein schneiden. Die Zwiebel abziehen, halbieren und in feine Streifen schneiden.

2 Für die Schmandsoße die Knoblauchzehe abziehen und durch die Knoblauchpresse drücken. Mit dem Schmand, der Petersilie, dem Zitronensaft und dem Senf verrühren und mit Salz und Pfeffer würzen.

3 Die Wraps mit etwas Schmandsoße bestreichen und mit Salat, Avocado, Tomaten, Paprika und Zwiebeln belegen. Die Seiten des Teigfladens einschlagen und den Wrap aufrollen. Die restliche Schmandsoße dazu servieren.

GRÜNKERNBRATLINGE

ZUTATEN *für 4 Personen*

200 g fein geschroteter Grünkern
50 g fein gemahlener Weizen
400 ml Gemüsebrühe
2 Zwiebeln
1 Knoblauchzehe
3 EL Margarine
1 rote und 1 grüne Paprikaschote
200 g Karotten
2 Eier
50 g geriebener Gouda
2 EL Haferflocken
2 TL Kräuter der Provence
2 EL Sonnenblumenkerne
1 EL Sojasoße
1 TL Paprikapulver
Salz, Pfeffer

ZUBEREITUNG

1 Den Grünkern und den Weizen in heißer Gemüsebrühe ca. 20 Minuten quellen lassen. Die Zwiebeln und den Knoblauch abziehen, fein hacken und in ½ EL Margarine bei mittlerer Hitze ca. 5 Minuten braten.

2 Die Paprikaschoten halbieren, entkernen, waschen und fein würfeln. Die Karotten schälen und ebenfalls in feine Würfel schneiden. Das geqollene Getreide in eine große Schüssel geben und mit den Zwiebeln, dem Knoblauch, dem Paprika und den Karotten vermengen.

3 Die Eier, den Käse und die Haferflocken hinzugeben. Die Masse mit den Kräutern, den Sonnenblumenkernen und der Sojasoße vermischen. Mit dem Paprikapulver, Salz und Pfeffer abschmecken. 12 gleichmäßige Bratlinge formen.

4 Die restliche Margarine in einer Pfanne erhitzen und die Bratlinge von beiden Seiten einige Minuten anbraten.

MIT REMOULADE, SALAT, TOMATENSCHEIBEN UND EINEM VOLLKORNBRÖTCHEN WIRD DARAUS EIN TOLLER VEGGIE-BURGER!

TOFU-POLENTA-PUFFER

ZUTATEN *für 12 Stück*

200 g Tofu (natur)
4 EL Margarine
100 g Polenta
1 TL Gemüsebouillon
(in Pulverform)
1 Karotte
1 Zwiebel
1 Ei
1–2 Msp. gemahlener Koriander
Salz, Pfeffer

ZUBEREITUNG

1 Den Tofu mit einer Gabel fein zerdrücken. 1 EL Margarine in einer Pfanne zerlassen und den Tofu darin goldbraun anbraten. Beiseitestellen und abkühlen lassen. Die Polenta mit der Gemüsebouillon vermischen und mit 250 ml kochendem Wasser übergießen, kurz quellen und dann abkühlen lassen.

2 Inzwischen die Karotte schälen und raspeln. Die Zwiebel abziehen und in feine Würfel schneiden. Beides mit dem Tofu und dem Ei zur Polenta geben und gut miteinander vermischen, sodass ein formbarer Teig entsteht. Etwas abkühlen lassen und nach Bedarf noch 1–3 EL kaltes Wasser hinzufügen. Mit dem Koriander, Salz und Pfeffer abschmecken.

3 Jeweils 1 EL Margarine in der Pfanne zerlassen. Für jeden Bratling 1 gehäuften EL Teig in die Pfanne geben und eventuell noch leicht flach drücken. Die Bratlinge portionsweise von beiden Seiten etwa 5 Minuten goldbraun anbraten.

REISPLÄTZCHEN mit Ratatouille

ZUTATEN *für 4 Personen*

2 Bund glatte Petersilie
100 g Reis
100 g Crème fraîche
2 EL Mehl
2 Eier
2 EL Sonnenblumenkerne
1 Schalotte
1 Knoblauchzehe
1 Zucchini
1 Aubergine
1 rote Paprikaschote
2 Fleischtomaten
5 EL Olivenöl
2–3 TL Kräuter der Provence
Salz, Pfeffer

ZUBEREITUNG

1 Die Petersilie waschen, trocken tupfen und fein hacken. Den Reis nach Packungsanweisung garen.

2 Die Crème fraîche, das Mehl und die Eier mit den Quirlen des elektrischen Handrührers verrühren. Die Sonnenblumenkerne, den Reis und die Hälfte der Petersilie unterheben. Die Masse ca. 30 Minuten ruhen lassen.

3 Die Schalotte und den Knoblauch abziehen und fein hacken. Die Zucchini, die Aubergine und die Paprika waschen, putzen und in Würfel schneiden. Die Tomaten waschen, den Stielansatz herausschneiden und die Tomaten ebenfalls würfeln.

4 2 EL Olivenöl in einer Pfanne erhitzen, die Auberginen und die Zucchini anbraten, die Kräuter, die Schalotte, den Knoblauch und die Paprika dazugeben und ca. 5 Minuten dünsten. Die Tomaten hinzufügen und nochmals 5 Minuten dünsten, mit Salz und Pfeffer abschmecken und mit der restlichen Petersilie bestreuen.

5 Das übrige Olivenöl ebenfalls in einer Pfanne erhitzen. Für jedes Reisplätzchen etwa 1 gehäuften EL Reismasse in die Pfanne geben und bei mittlerer Hitze ca. 5 Minuten je Seite braten. Die Reisplätzchen mit Ratatouille servieren.

GRAUPENFRIKADELLEN

ZUTATEN *für 2 Personen*

80 g Graupen
2 Frühlingszwiebeln
4 Stängel Petersilie
1 Zweig Rosmarin
20 g Semmelbrösel
2 EL Magerquark
1 Ei
2 EL Pflanzenöl
1 Mango
1 säuerlicher Apfel
Schale und Saft von
 1 unbehandelten Limette
Salz, Pfeffer

ZUBEREITUNG

1 Die Graupen in kochendem Salzwasser 25–30 Minuten garen. Die Frühlingszwiebeln putzen und schneiden. Die Petersilie und die Rosmarinnadeln fein hacken. Die Graupen in ein Sieb geben, abschrecken und abtropfen lassen.

2 Den Backofen auf 180 °C vorheizen. Die Graupen, die Frühlingszwiebeln, die Kräuter, die Semmelbrösel, den Quark und das Ei vermengen. Mit Salz und Pfeffer würzen. Aus der Masse 4–6 Frikadellen formen und im Öl von jeder Seite 2 Minuten braten. Auf ein Backblech legen und im Backofen auf der mittleren Schiene 8–10 Minuten garen.

3 Die Mango schälen und das Fruchtfleisch in Streifen schneiden. Den Apfel schälen, vierteln, entkernen und ebenfalls in Streifen schneiden. Mit Limettenschale und -saft vermischen, mit Salz und Pfeffer würzen und zu den Frikadellen servieren.

GRAUPEN, AUCH KOCHGERSTE GENANNT, SIND IN UNTERSCHIEDLICHER GRÖSSE ERHÄLTLICH. AM FEINSTEN SIND DIE PERLGRAUPEN.

KARTOFFELRÖSTI mit mediterranem GEMÜSE

ZUTATEN *für 4 Personen*

Für das Gemüse:
2 Zucchini
1 gelbe Paprikaschote
1 rote Paprikaschote
1 Zwiebel
2 Knoblauchzehen
1 Bund Schnittlauch
2 EL Margarine
250 ml Crème fraîche
1 TL Tomatenmark
Salz, Pfeffer

Für die Rösti:
1 kg mehligkochende Kartoffeln
1 Zwiebel
½ Bund Thymian
3 EL Margarine

MEHLIGKOCHENDE KARTOFFELN SIND IDEAL FÜR SUPPEN, KROKETTEN, KNÖDEL, PÜREE, GNOCCHI UND OFENKARTOFFELN.

ZUBEREITUNG

1. Die Zucchini und die Paprika waschen und putzen, die Zwiebeln und den Knoblauch abziehen und alles sehr fein würfeln. Den Schnittlauch waschen, trocken tupfen und in feine Röllchen schneiden.

2. Die Margarine in einer Pfanne erhitzen. Die Zwiebeln und den Knoblauch bei mittlerer Hitze darin andünsten. Nach ca. 3 Minuten die Zucchini und die Paprika zufügen und 10 Minuten mitdünsten.

3. Die Crème fraîche und das Tomatenmark dazugeben, eventuell mit Salz und Pfeffer nachwürzen und warmstellen.

4. Für die Rösti die Kartoffeln schälen und die Zwiebel abziehen. Den Thymian waschen, trocken tupfen und die Thymianblättchen von den Stielen zupfen.

5. Die Kartoffeln und die Zwiebel grob mit der Hand oder der Küchenmaschine reiben, den Thymian dazugeben und mit Salz und Pfeffer würzen. Die Flüssigkeit aus der Kartoffelmasse herausdrücken und 8 flache Küchlein formen.

6. Die Margarine in einer Pfanne erhitzen, die Rösti darin von beiden Seiten knusprig anbraten und auf vorgewärmte Teller legen. Mit der Gemüsebeilage und mit dem Schnittlauch bestreut servieren.

PASTINAKEN-PUFFER mit Dip

ZUTATEN *für 6 Personen*

Für die Puffer:
400 g Pastinaken
400 g Kartoffeln
1 Zwiebel
1 Ei
1 EL Haferflocken
3 EL Pflanzenöl
Muskat
Salz, Pfeffer

Für den Dip:
250 g Schmand
1 EL Schnittlauchröllchen
1 TL Zitronensaft
Salz, Pfeffer

ZUBEREITUNG

1 Die Pastinaken und die Kartoffeln schälen, waschen und auf einer Reibe raspeln. Die Zwiebel abziehen und klein hacken.

2 In einer Schüssel die Pastinaken, die Kartoffeln und die Zwiebel mit dem Ei und den Haferflocken gut mischen. Mit frisch geriebenem Muskat, Salz und Pfeffer würzen.

3 In einer Pfanne jeweils 1 EL Öl erhitzen und die Puffer portionsweise einige Minuten von beiden Seiten goldbraun backen.

4 Für den Dip den Schmand mit dem Schnittlauch und dem Zitronensaft verrühren und mit Salz und Pfeffer würzen.

QUINOA-BURGER

ZUTATEN *für 4 Personen*

Für die Quinoa-Bratlinge:
150 g Quinoa
1 Zwiebel
1 Karotte
2 EL Mehl
1 Ei
2 EL Pflanzenöl
getrockneter Thymian
Salz, Pfeffer

Für den Burger:
4 Burger-Brötchen
200 g Zaziki
einige Blätter Rucola
einige Scheiben Gurke

ZUBEREITUNG

1 Den Quinoa nach Packungsanweisung garen. Die Zwiebel abziehen und klein hacken. Die Karotte schälen und fein raspeln.

2 In einer Schüssel den abgekühlten Quinoa mit der Zwiebel, der Karotte, dem Mehl und dem Ei verrühren. Die Masse mit Thymian, Salz und Pfeffer würzen und 4 Bratlinge daraus formen.

3 In einer Pfanne das Öl erhitzen und die Bratlinge einige Minuten von beiden Seiten goldbraun backen.

4 Die Brötchen quer halbieren. Die unteren Hälften mit etwas Zaziki bestreichen und mit Rucola, einem Bratling, Zaziki und Gurke belegen. Die oberen Hälften auflegen und sofort servieren.

WER DAS ZAZIKI SELBST ZUBEREITEN MÖCHTE, VERMISCHT 200 ML NATURJOGHURT MIT 2 GEPRESSTEN KNOBLAUCHZEHEN, KLEIN GESCHNITTENER GURKE, SALZ UND PFEFFER.

KARTOFFELPLÄTZCHEN mit KÜRBISGEMÜSE

ZUTATEN *für 4 Personen*

Für die Kartoffelplätzchen:
500 g Pellkartoffeln
1 Zwiebel
1 Knoblauchzehe
2–3 EL Paniermehl
1 TL getrockneter Thymian
2–3 EL gehackte Petersilie
3 EL Butter
Salz, Pfeffer

Für das Kürbis-Gemüse:
1 kg Hokkaido-Kürbis
200 g Champignons
1 Zwiebel
2 EL Butter
250 ml Crème fraîche

ZUBEREITUNG

1 Die Pellkartoffeln schälen und stampfen. Die Zwiebel und den Knoblauch abziehen und fein hacken. Die Kartoffeln, die Zwiebel, den Knoblauch, das Paniermehl, den Thymian und die Petersilie vermischen und mit Salz und Pfeffer abschmecken. Bällchen formen und leicht flach drücken.

2 Die Butter in einer Pfanne erhitzen und die Kartoffelplätzchen bei mittlerer Hitze von jeder Seite ca. 5 Minuten braten.

3 Den Kürbis putzen, entkernen und in Würfel schneiden. Die Pilze putzen und halbieren. Die Zwiebel abziehen und fein würfeln. Die Butter erhitzen, den Kürbis und die Pilze darin anbraten, die Zwiebel dazugeben und zugedeckt ca. 15 Minuten schmoren.

4 Die Crème fraîche dazugeben und einmal aufkochen. Die Kartoffelplätzchen mit dem Kürbis-Champignon-Gemüse servieren.

GEBRATENE NUDELPLÄTZCHEN

ZUTATEN *für 4 Personen*

200 g Nudeln
250 g braune Champignons
150 g Kirschtomaten
1 Bund Schnittlauch
1 EL Butter
400 ml Gemüsefond
1 EL Speisestärke
2 EL Doppelrahmfrischkäse
1 Ei
2 EL Milch
4 EL Pflanzenöl
Muskat
Salz, Pfeffer

ZUBEREITUNG

1 Die Nudeln in kochendem Salzwasser nach Packungsanweisung garen, abtropfen und abkühlen lassen. Inzwischen die Champignons und die Tomaten putzen, waschen und halbieren. Den Schnittlauch waschen und in schräge Röllchen schneiden.

2 Die Butter schmelzen, die Champignons darin anbraten und mit Salz und Pfeffer würzen. Mit dem Fond ablöschen und 3 Minuten kochen lassen. Die Speisestärke gut unterrühren und 1 Minute kochen lassen.

3 Den Frischkäse darin schmelzen. Die Tomaten und den Schnittlauch hinzufügen und nochmals abschmecken. Die Nudeln, das Ei und die Milch miteinander vermengen. Mit Salz, Pfeffer und Muskat würzen. In dem erhitzten Öl unter vorsichtigem Wenden zu ca. 8 cm großen Plätzchen anbraten und mit der Soße servieren.

ZUCCHINISPAGHETTI mit TOMATEN und PILZEN

ZUTATEN *für 2 Personen*

- 500 g frische Tomaten
- 6 in Öl eingelegte Tomaten (im Glas)
- 2 Knoblauchzehen
- 1 Zwiebel
- 100 g Pilze
- 2 EL Olivenöl
- 2 EL Tomatenmark
- 1 kleine gehackte Chilischote
- 2–3 Zucchini
- 100 g Pecorino
- Oregano
- Salz, Pfeffer

ZUBEREITUNG

1 Die Tomaten waschen, vierteln, vom Strunk befreien und anschließend in kleine Stücke schneiden. Die eingelegten Tomaten ebenfalls in kleine Stücke schneiden.

2 Den Knoblauch und die Zwiebeln abziehen und fein würfeln. Die frischen und die eingelegten Tomaten mit dem Knoblauch und den Zwiebeln pürieren und mit Salz, Pfeffer und Oregano würzen.

3 Die Pilze putzen und in Scheiben schneiden. In einer Pfanne etwas Öl erhitzen und die Pilze darin anbraten. Die pürierten Tomaten, das Tomatenmark und die gehackte Chili hinzufügen und etwa 5 Minuten köcheln lassen.

4 Die Zucchini waschen und die Enden entfernen. Mit einem Julienne-Schäler die Zucchini in Spaghetti-Streifen schneiden (siehe Bild oben). Schälen Sie dabei nur bis zu den Kernen im Inneren.

5 Die Zucchini-Spaghetti in Salzwasser ca. 5 Minuten kochen. Alternativ direkt in die Soße geben und 5 Minuten mitköcheln lassen. Mit Pecorino bestreut servieren.

KOHLRABI-PENNE

ZUTATEN *für 4 Personen*

1 kg Kohlrabi
1 Zwiebel
1 EL Butter
4 EL Tomatenmark
400 ml Gemüsebrühe
150 ml süße Sahne
2 EL Butter
1 EL Mehl
etwas Gemüsebrühe
1 Bund Petersilie
1 Bund Schnittlauch
Salz, Pfeffer

ZUBEREITUNG

1 Den Kohlrabi schälen, in Stifte schneiden und in Salzwasser ca. 6–8 Minuten garen.

2 Die Zwiebel abziehen und fein würfeln. Die Butter erhitzen und die Zwiebel darin andünsten. Das Tomatenmark einrühren, die Gemüsebrühe und die Sahne angießen und unter Rühren aufkochen.

3 Für eine Mehlschwitze die Butter in der Pfanne erhitzen, bis kleine Bläschen zu sehen sind. Das Mehl darübergeben und gut verrühren. Dann etwas heiße Gemüsebrühe dazugeben und verrühren. So lange Brühe hinzugeben, bis eine sämige Flüssigkeit entstanden ist.

4 Die Mehlschwitze zur Soße geben, 1 Minute kochen lassen und mit Salz und Pfeffer abschmecken.

5 Die Kräuter abbrausen, trocken schütteln und fein schneiden. Den Kohlrabi abgießen und mit der Soße anrichten. Mit Kräutern und nach Belieben mit Parmesan bestreut servieren.

SPINAT-PILZ-LASAGNE

ZUTATEN *für 4 Personen*

500 g Austernpilze
1 Zwiebel
1 Knoblauchzehe
3 EL Margarine
450 g Blattspinat (tiefgekühlt)
250 ml süße Sahne
150 ml Gemüsebrühe
6 Lasagneblätter
100 g geraspelter Käse
100 g Crème fraîche
50 g geriebener Käse
Muskat
Salz, Pfeffer

ZUBEREITUNG

1 Den Backofen auf 200 °C vorheizen. Die Pilze putzen und grob zerteilen. Die Zwiebel und den Knoblauch abziehen und fein würfeln.

2 1 EL Margarine in einem Topf erhitzen, die Hälfte der Zwiebel und des Knoblauchs glasig dünsten. Den Blattspinat dazugeben, zugedeckt bei geringer Hitze 10 Minuten garen und mit Salz, Pfeffer und Muskat würzen.

3 Die restliche Margarine in einer Pfanne erhitzen. Die Pilze anbraten, die restliche Zwiebel und den Knoblauch dazugeben und ca. 5 Minuten weiterbraten. Die Sahne und die Gemüsebrühe dazugießen und mit Salz, Pfeffer und Muskat abschmecken.

4 Den Boden einer Auflaufform mit 3 Lasagneblättern auslegen, den Spinat und den geraspelten Käse darauf verteilen. Die restlichen Lasagneblätter auf den Spinat legen und mit der Crème fraîche bestreichen. Die Pilze daraufgeben und mit dem geriebenen Käse bestreuen.

5 Im vorgeheizten Backofen ca. 30 Minuten backen. Die Lasagne ein wenig abkühlen lassen und servieren.

MEDITERRANE ZITRONEN-PASTA

ZUTATEN *für 2 Personen*

250 g Bandnudeln
1 Schalotte
1–2 Frühlingszwiebeln
½ unbehandelte Zitrone
1 EL Pflanzenöl
300 ml Milch
1 TL Gemüsebouillon
(in Pulverform)
1 EL Crème fraîche
1–2 EL heller Soßenbinder
1–2 EL Pinienkerne
2 EL frische Kräuter, z. B.
Thymian oder Basilikum
Salz

ZUBEREITUNG

1 Die Nudeln in reichlich kochendem Salzwasser bissfest garen. In ein Sieb abgießen und abtropfen lassen.

2 Die Schalotte abziehen und fein hacken. Die Frühlingszwiebeln putzen, waschen und in Ringe schneiden. Die Zitronenschale abreiben und den Saft auspressen.

3 Die Schalotte in einem Topf im heißen Öl dünsten. Die Milch zufügen und aufkochen. Die Gemüsebouillon und die abgeriebene Zitronenschale hinzufügen. Die Crème fraîche untermischen und den Soßenbinder einrühren.

4 Die Frühlingszwiebeln dazugeben und bei schwacher Hitze 1 Minute kochen. Die Pinienkerne ohne Fettzugabe in einer Pfanne rösten.

5 Die Soße mit Salz, Pfeffer und 1–2 EL Zitronensaft abschmecken. Die Nudeln mit der Soße anrichten, mit Pinienkernen und Kräutern bestreut servieren.

PILZ-TOMATEN-Pappardelle

ZUTATEN *für 4 Personen*

3 Zwiebeln
2–3 Knoblauchzehen
200 g Kirschtomaten
1 Bund glatte Petersilie
10 Stiele Thymian
1200 g gemischte Pilze
3 EL Margarine
250 ml Gemüsebrühe
250 ml süße Sahne
500 g Pappardelle
Paprikapulver
Salz, Pfeffer

ZUBEREITUNG

1. Die Zwiebeln und den Knoblauch abziehen und würfeln. Die Kirschtomaten waschen, vierteln und den Stielansatz herausschneiden. Die Petersilie und den Thymian waschen, trocken tupfen, von den Stielen zupfen und grob hacken. Die Pilze putzen, den Stielansatz abschneiden und die Pilze in Scheiben schneiden.

2. Die Margarine in einer großen Pfanne erhitzen, die Pilze bei großer Hitze darin anbraten, mit Pfeffer und Paprikapulver würzen. Die Zwiebel- und Knoblauchwürfel dazugeben und weitere 5 Minuten braten.

3. Die Pilze mit der Gemüsebrühe ablöschen, die Sahne dazugeben und einmal aufkochen lassen. Die Tomaten, die Hälfte der Petersilie und des Thymians unterheben und alles ca. 5 Minuten bei kleiner Hitze ziehen lassen.

4. In der Zwischenzeit die Pappardelle nach Packungsanweisung in Salzwasser garen, in ein Sieb abgießen, auf das Pilzragout geben und vorsichtig unterheben. Alles auf tiefen Tellern verteilen und mit der restlichen Petersilie bestreut sofort servieren.

KÜRBIS-PASTA

EINE KÖSTLICHE VARIANTE ERHALTEN SIE, WENN SIE STATT DES BASILIKUMS GEBRATENE SALBEIBLÄTTER VERWENDEN UND AM SCHLUSS EINE PRISE ZIMT UNTERMISCHEN.

ZUTATEN *für 4 Personen*

500 g Bandnudeln
500 g Hokkaido-Kürbis
2 rote Zwiebeln
3 EL Pflanzenöl
100 ml Gemüsebrühe
Cayennepfeffer
Salz, Pfeffer
einige Blättchen Basilikum
frisch geriebener Parmesan

ZUBEREITUNG

1 Die Nudeln nach Packungsanweisung bissfest kochen.

2 Den Kürbis waschen, putzen und in Würfel schneiden. Die Zwiebeln abziehen und in schmale Spalten schneiden.

3 In einer Pfanne das Öl erhitzen und den Kürbis mit den Zwiebeln anbraten. Die Gemüsebrühe dazugießen und so lange köcheln, bis der Kürbis gar, aber noch bissfest ist. Mit etwas Cayennepfeffer, Salz und Pfeffer würzen.

4 Die abgetropften Nudeln mit der Kürbis-Zwiebel-Mischung vermengen. Mit Basilikumblättchen und Parmesan bestreut servieren.

SPAGHETTI mit CHILISOSSE

ZUTATEN *für 4 Personen*

1 Bund Frühlingszwiebeln
1–2 Knoblauchzehen
1 kleine rote Chilischote
1 EL Olivenöl
500 g passierte Tomaten
2 EL Soßenbinder für helle Soßen
400 g Spaghetti
50 g kleine Rucola-Blättchen
30 g geriebener Parmesan
Zucker
Salz, Pfeffer

ZUBEREITUNG

1 Die Frühlingszwiebeln putzen, waschen und fein schneiden. Den Knoblauch abziehen und in Scheiben schneiden. Die Chilischote waschen, putzen und in Ringe schneiden.

2 Das Olivenöl erhitzen und den Knoblauch, die Chili und die Frühlingszwiebeln darin kurz anbraten. Die passierten Tomaten dazugeben und aufkochen.

3 Den Soßenbinder einstreuen und unter Rühren 1 Minute köcheln lassen. Mit Salz, Pfeffer und Zucker abschmecken. Die Spaghetti in reichlich Salzwasser nach Anweisung bissfest kochen. Den Rucola abbrausen, putzen und größere Blätter kleiner schneiden.

4 Die Spaghetti abgießen und abtropfen lassen. Dann die Spaghetti mit der Tomatensoße mischen und mit Rucola und Parmesan bestreut servieren.

SPAGHETTI PRIMAVERA

ZUTATEN *für 4 Personen*

250 g Karotten
250 g grüner Spargel
100 g Zuckerschoten
abgeriebene Schale und Saft von 1 unbehandelten Zitrone
4 EL Soßenbinder für helle Soßen
1 kleines Bund Basilikum
500 g Spaghetti
30 g Pinienkerne
50 g geriebener Parmesan
Zucker, Salz, Pfeffer

ZUBEREITUNG

1 Die Karotten schälen und klein schneiden. Den Spargel waschen, das untere Drittel der Spargelstangen schälen und die Enden großzügig abschneiden. Die Zuckerschoten waschen und putzen. Die Karotten in 400 ml gesalzenem Wasser ca. 10 Minuten kochen. Nach ca. 6 Minuten den Spargel und in den letzten 2 Minuten die Zuckerschoten zugeben. Das Gemüse mit einer Schaumkelle herausnehmen und warm stellen.

2 Die Zitronenschale und den -saft zum Gemüsefond geben. Den Soßenbinder einrühren und unter Rühren 1 Minute kochen lassen. Mit Salz, Pfeffer und Zucker abschmecken. Den Basilikum abbrausen, trocken schütteln, die Blätter fein schneiden und unter die Soße mischen.

3 Die Spaghetti in reichlich Salzwasser nach Anweisung bissfest kochen. Die Pinienkerne fettfrei rösten. Die Spaghetti mit der Soße und dem Gemüse mischen. Mit Pinienkernen und Parmesan bestreut servieren.

Veganer GEMÜSE-COUSCOUS

ZUTATEN *für 4 Personen*

250 g Couscous
50 g Frühlingszwiebeln
1 Knoblauchzehe
200 g Zucchini
180 g gelbe Paprikaschote
150 g Champignons
200 g Tomaten
40 g Margarine
Salz, Pfeffer

ZUBEREITUNG

1 Den Couscous in eine Schüssel geben, mit 300 ml kochendem Wasser übergießen und salzen. Bei geschlossenem Deckel ca. 5 Minuten ziehen lassen.

2 In der Zwischenzeit die Frühlingszwiebeln waschen, putzen und in Ringe schneiden. Den Knoblauch abziehen und fein hacken. Die Zucchini, die Paprika, die Champignons und die Tomaten waschen, putzen und in mundgerechte Stücke schneiden.

3 2 EL der Margarine in eine Pfanne geben und bei geringer Hitze schmelzen. Das Gemüse dazugeben und alles 5–8 Minuten dünsten. Nach Belieben würzen. Die restliche Margarine mit dem Couscous vermischen und dann das Gemüse unterheben. Den Gemüse-Couscous auf Tellern anrichten und servieren.

PILAW mit PILZEN

ZUTATEN *für 4 Personen*

½ Bund Koriander
½ Bund Petersilie
200 g Crème fraîche
3 EL Zitronensaft
5 EL Margarine
1 Lorbeerblatt
1 kleines Stück Zimtstange
½ TL gemahlener Kreuzkümmel
300 g Langkornreis
600 ml Pilzbrühe
500 g gemischte Pilze
1 große Karotte
1 Gemüsezwiebel
2 Knoblauchzehen
1 EL geriebener Ingwer
Salz, Pfeffer

ZUBEREITUNG

1 Den Koriander und die Petersilie waschen, trocken schütteln und fein hacken. Die Crème fraîche mit den Kräutern und 1 EL Zitronensaft verrühren, mit Salz und Pfeffer abschmecken und kalt stellen.

2 3 EL Margarine in einem Topf erhitzen. Das Lorbeerblatt, die Zimtstange und den Kreuzkümmel darin kurz andünsten, den Reis dazugeben und unter Rühren glasig werden lassen. Die Pilzbrühe dazugießen, aufkochen lassen und bei mittlerer Hitze zugedeckt köcheln lassen, bis die Flüssigkeit vom Reis aufgesogen ist. Den Topf vom Herd nehmen, ein Geschirrtuch um den Topfdeckel wickeln und den Deckel wieder auf den Topf legen. Den Reis ca. 15 Minuten ausdampfen lassen.

3 Die Pilze putzen und in Scheiben schneiden. Die Karotte schälen, die Zwiebel und den Knoblauch abziehen und grob würfeln. Die restliche Margarine in einer Pfanne erhitzen, das Gemüse dazugeben und bei mittlerer Hitze ca. 15 Minuten garen, den Ingwer nach 10 Minuten dazugeben. Das Gemüse mit Salz und Pfeffer abschmecken.

4 Den Reis mit dem restlichen Zitronensaft beträufeln, das Gemüse unterheben und mit der Kräuter-Crème-fraîche servieren.

SPINAT-WALNUSS-KNÖDEL mit PILZSOSSE

ZUBEREITUNG

1 Die Zwiebel abziehen, fein würfeln und in einem kleinen Topf in Olivenöl unter ständigem Rühren leicht goldbraun anschwitzen. Die Knoblauchzehe mit dem Messerrücken andrücken und dazugeben. Den Thymian waschen und trocknen. Eine Prise Salz, Zucker und die Thymianstängel in den Topf geben. Die Sahne angießen und 2 Minuten köcheln lassen.

2 In einer Pfanne die geputzten Pilze in Olivenöl kräftig anbraten und die Petersilie untermischen. Die Pilze unter die Soße mischen. Die Pilzsoße mit Cayennepfeffer, schwarzem Pfeffer und Salz abschmecken.

3 Den aufgetauten Spinat gut abtropfen lassen und eventuell vorsichtig auspressen. In eine große Schüssel geben und mit Salz, Pfeffer und Muskat würzen. Den Ricotta, die Eigelbe, die fein gehackten Walnüsse, den Parmesan und das Mehl dazugeben und alles gut vermischen.

4 Einen Topf mit Wasser aufsetzen und salzen. Mit angefeuchteten Händen kleine Knödel aus dem Teig formen. Wenn das Wasser Blasen wirft, die Knödel hineingeben und ca. 10 Minuten im siedenden Wasser gar ziehen lassen.

5 Die Pilzsoße erhitzen, aber nicht mehr kochen lassen. Die Thymianstängel entfernen, die Petersilie einrühren und die Soße auf vier vorgewärmte, tiefe Teller verteilen. Die Knödel aus dem Wasser nehmen, auf die Soße setzen und sofort servieren. Dazu passt ein grüner Salat.

EINE EINFACHE UND GÜNSTIGE ALTERNATIVE ZU GEMISCHTEN PILZEN SIND BRAUNE CHAMPIGNONS.

ZUTATEN *für 4 Personen*

Für die Soße:
1 kleine Zwiebel
1 Knoblauchzehe
4–6 Stängel Thymian
250 ml süße Sahne
500 g gemischte Pilze
1–2 EL gehackte Petersilie
Olivenöl
Cayennepfeffer
Zucker
Salz, Pfeffer

Für die Knödel:
100 g Spinat (tiefgekühlt)
200 g Ricotta
2 Eigelb
2 EL fein gehackte Walnüsse
2 EL geriebener Parmesan
60 g Mehl
Muskat
Salz, Pfeffer

SEMMELKNÖDEL mit GEMÜSESOSSE

ZUBEREITUNG

1 Die altbackenen Brötchen in kleine Würfel schneiden. Die Milch erhitzen, über die Brötchen gießen und alles vermischen. Die Zwiebel abziehen und würfeln.

2 Die Butter in einer kleinen Pfanne erhitzen und die Zwiebel darin goldgelb anbraten. Die Petersilie abbrausen, trocken schütteln und fein hacken. Die angebratene Zwiebel, die gehackte Petersilie und die Eier zu den Brötchen geben, alles verkneten und mit Salz und Pfeffer würzen. Abgedeckt 30 Minuten beiseitestellen.

3 In der Zwischenzeit für die Soße die Pfifferlinge in 500 ml lauwarmem Wasser einweichen. Die Karotten und den Sellerie schälen und würfeln. Den Porree putzen, abspülen und in feine Ringe schneiden. Die Champignons putzen und halbieren oder vierteln.

4 Das Öl in einer Pfanne erhitzen, die Karotten und den Sellerie darin andünsten. Die Pfifferlinge mit dem Einweichwasser dazugeben und das Gemüse ca. 12–15 Minuten garen. Den Porree in den letzten 2–3 Minuten zugeben. Den Soßenbinder einstreuen, unter Rühren 1 Minute köcheln lassen und mit Salz und Pfeffer abschmecken.

5 Die Butter erhitzen und die Champignons darin anbraten. Die Champignons unter die Gemüsesoße rühren und nochmals abschmecken. Die Soße warm halten.

6 Aus der Brötchenmasse die Knödel formen. In einem großen Topf reichlich Wasser zum Kochen bringen und Salz dazugeben. Die Knödel hineingeben, einmal aufkochen und ohne Deckel ca. 20 Minuten gar ziehen lassen. Die Knödel mit der Gemüsesoße und mit Kresse bestreut servieren.

ZUTATEN *für 4 Personen*

Für die Semmelknödel:

6 altbackene Brötchen
300 ml Milch
1 Zwiebel
1 EL Butter
1 Bund Petersilie
2 Eier
Salz, Pfeffer

Für die Soße:

10 g getrocknete Pfifferlinge
2 Karotten
150 g Knollensellerie
1 Stange Porree
150 g Champignons
2 EL Pflanzenöl
2 EL Soßenbinder für helle Soßen
1 EL Butter
Salz, Pfeffer
Kresse zum Bestreuen

Gebratener TOFU mit GEMÜSE

ZUTATEN *für 4 Personen*

250 g Weizenreis
200 g Tofu natur
1 Knoblauchzehe
1 kleines Stück Ingwer
2 EL Sojasoße
1 EL Honig
1 Bund Frühlingszwiebeln
2 Karotten
3 EL Pflanzenöl
Salz, Pfeffer

ZUBEREITUNG

1 Den Weizenreis nach Packungsanweisung bissfest kochen. Den Tofu in Würfel schneiden.

2 Den Knoblauch abziehen und durch die Knoblauchpresse drücken. Den Ingwer schälen und fein hacken. Den Knoblauch und den Ingwer mit der Sojasoße und dem Honig vermischen. Die Tofuwürfel hineingeben und ca. 10 Minuten marinieren.

3 Die Frühlingszwiebeln und die Karotten putzen und in Stücke schneiden. In einer Pfanne 2 EL Öl erhitzen und den Tofu scharf anbraten, dann herausnehmen und auf Küchenpapier abtropfen lassen.

4 Die Frühlingszwiebeln und die Karotten in 1 EL Öl anbraten und ca. 5 Minuten schmoren. Mit den Tofuwürfeln vermischen, mit Salz und Pfeffer würzen und zusammen mit dem Weizenreis servieren.

CHANA MASALA

ZUTATEN *für 4 Personen*

200 g Kichererbsen
2 Zwiebeln
2 Knoblauchzehen
1 Stück Ingwer
1 Chilischote
2 EL Pflanzenöl
1 TL Garam-Masala-Gewürzmischung
1 TL gemahlener Kreuzkümmel
1 TL gemahlener Koriander
1 TL gemahlene Kurkuma
1 Dose gehackte Tomaten
Salz, Pfeffer
Petersilienblätter

ZUBEREITUNG

1 Die Kichererbsen in einem Topf mit Wasser bedeckt über Nacht einweichen lassen. Dann im Einweichwasser ca. 1,5 Stunden weich kochen.

2 Die Zwiebeln und den Knoblauch abziehen und fein hacken. Den Ingwer schälen und ebenfalls fein hacken, die Chili in schmale Ringe schneiden.

3 Das Öl in einer großen Pfanne erhitzen und die Zwiebeln, den Knoblauch, den Ingwer und die Chili anbraten. Die Gewürze dazugeben und mitrösten.

4 Die Tomaten und die Kichererbsen hinzufügen, alles gut vermischen und ca. 15 Minuten schmoren lassen. Mit Salz und Pfeffer würzen und mit Petersilienblättern dekoriert servieren.

TOFU-CURRY mit MANGO

ZUTATEN *für 4 Personen*

2 Lauchzwiebeln
1 Mango
400 g Tofu (natur)
3 EL Pflanzenöl
4 TL Gemüsebouillon (in Pulverform)
4 EL Erdnussbutter
2 EL Currypulver
Cayennepfeffer
Salz

ZUBEREITUNG

1 Die Lauchzwiebeln putzen und in Ringe schneiden, einige fürs spätere Anrichten beiseitestellen. Die Mango schälen und in Würfel schneiden. Den Tofu ebenfalls in Würfel schneiden.

2 2 EL Öl in einer großen Pfanne erhitzen und die Tofuwürfel darin rundherum knusprig anbraten. Aus der Pfanne nehmen und beiseitestellen.

3 1 EL Öl in die Pfanne geben und die Lauchzwiebeln darin glasig dünsten. Mit der Gemüsebouillon bestäuben und mit 600 ml Wasser ablöschen. Die Erdnussbutter einrühren und alles unter Rühren aufkochen. Bei geringer Hitze weiter köcheln lassen, bis die Soße eine cremige Konsistenz hat.

4 Die Mango dazugeben und 1–2 Minuten mitköcheln lassen. Die Soße mit Curry, eventuell mit Cayennepfeffer und Salz pikant abschmecken. Die angebratenen Tofuwürfel dazugeben. Das Curry in Schalen oder Tellern anrichten und mit den zurückbehaltenen Lauchzwiebelringen bestreut servieren. Dazu passt am besten Basmatireis.

MANGOS STAMMEN AUS DERSELBEN PFLANZENFAMILIE WIE CASHEWKERNE: DEN SUMACH-GEWÄCHSEN.

CHILI-GEMÜSE-CURRY

ZUTATEN *für 4 Personen*

250 g Karotten
1 rote Paprikaschote
250 g Blumenkohl
200 g Rosenkohl
1 Zwiebel
1 Stück frischer Ingwer
½–1 rote Chilischote
2 EL Pflanzenöl
1 EL gemahlene Kurkuma
1 TL Thai-Currypulver
300 ml Gemüsebrühe
1 Becher Naturjoghurt

ZUBEREITUNG

1 Die Karotten schälen und schräg in Scheiben schneiden. Die Paprika halbieren, entkernen, waschen und in Streifen schneiden.

2 Den Blumenkohl waschen und in kleine Röschen teilen. Den Rosenkohl putzen, abspülen und den Strunk kreuzweise einschneiden. Die Zwiebel und den Ingwer schälen und fein würfeln. Die Chilischote waschen, halbieren, entkernen und fein würfeln.

3 Für das Gemüse-Curry die Zwiebel und den Ingwer in einem Wok im heißen Öl dünsten. Die Chili, die Kurkuma und das Currypulver hinzufügen und kurz mitdünsten. Das Gemüse zugeben und anbraten.

4 Die Gemüsebrühe zum Gemüse gießen und zugedeckt bei schwacher Hitze 10–15 Minuten garen. Das Gemüse sollte noch Biss haben. Den Joghurt glatt rühren und zum Gemüse-Curry reichen.

STECKRÜBEN-CURRY

ZUTATEN *für 4 Personen*

Für den Krokant:

40 g Zucker
50 g grob gehackte Mandeln
1 EL Margarine

Für das Curry:

1 Birne
1 walnussgroßes Stück Ingwer
1 kleine Zwiebel
800 g Steckruben
3 kleine Karotten
1 EL Pflanzenöl
2 EL Kokosraspel
1 EL gelbe Currypaste
250 ml süße Sahne
1 in Röllchen geschnittene Lauchzwiebel
1 in Spalten geschnittene Limette
Salz
frischer Koriander

ZUBEREITUNG

1 Für den Krokant den Zucker, die Mandeln und die Margarine in einem kleinen Topf verrühren und bei kleiner Hitze goldbraun karamellisieren lassen. Die Mischung auf ein Stück Backpapier geben, verstreichen und auskühlen lassen.

2 Für das Steckrüben-Curry die Birne schälen, vierteln, entkernen und in Spalten schneiden. Den Ingwer schälen und fein reiben. Die Zwiebel abziehen und fein würfeln. Die Steckrüben und die Karotten schälen, die Steckrüben in Würfel und die Karotten in Scheiben schneiden.

3 Die Zwiebel im heißen Öl anbraten. Die Kokosraspeln dazugeben und kurz mit anbraten. Die Steckrübenwürfel und die Karottenscheiben dazugeben und unter Rühren 1–2 Minuten mit anschwitzen. Den Ingwer dazugeben, mit Salz und der Currypaste würzen und die Sahne angießen.

4 Das Curry 10 Minuten köcheln lassen, die Birnenstücke für ca. 5 Minuten dazugeben. Das Krokant in Stückchen brechen und über das Steckrüben-Curry streuen. Den Koriander und die Lauchzwiebeln darüberstreuen. Auf jeden Teller 1–2 Limettenspalten geben.

Feuriges GEMÜSE-CHILI

ZUTATEN *für 4 Personen*

1 Zwiebel
3 Knoblauchzehen
300 g Karotten
1–2 rote Paprikaschoten
1 rote Chilischote
2 Dosen Kidneybohnen
1 Dose Kichererbsen
1 Dose Mais
1 Bund glatte Petersilie
3 EL Margarine
500 g passierte Tomaten
250 ml Gemüsebrühe
1 TL Zucker
Salz, Pfeffer

ZUBEREITUNG

1 Die Zwiebel und den Knoblauch abziehen und fein würfeln. Die Karotten schälen und in Scheiben schneiden. Die Paprika waschen, putzen und grob würfeln. Die Chili waschen, putzen und in feine Streifen schneiden.

2 Die Bohnen, die Kichererbsen und den Mais abtropfen lassen. Die Petersilie waschen, trocken schütteln und grob hacken. Die Margarine in einem Topf erhitzen, das Gemüse dazugeben und anbraten.

3 Die Bohnen, die Kichererbsen, die passierten Tomaten und die Gemüsebrühe dazugeben und unter Rühren aufkochen. Mit dem Zucker, Salz und Pfeffer abschmecken und noch ca. 15 Minuten köcheln lassen, dabei gelegentlich umrühren. Mit Petersilie bestreut servieren.

Knusprige GEMÜSETARTE

ZUTATEN *für 2 Personen*

2 EL Rosmarinnadeln
300 g Porree
1 Apfel
400 g Karotten
1 EL Zitronensaft
60 g Edamer
20 g Margarine
4 Blätter Filoteig (30 x 30 cm)
1 EL Milch
Salz, Pfeffer

FILOTEIG IST DÜNNER ALS BLÄTTERTEIG UND GEHT DESHALB NICHT SO SEHR AUF.

ZUBEREITUNG

1 Den Backofen auf 180 °C vorheizen. Die Rosmarinnadeln hacken, den Porree putzen und waschen.

2 Für die Füllung den Apfel schälen und entkernen. Die Karotten schälen und mit dem Apfel in Streifen schneiden. Mit dem Zitronensaft, etwas Salz und Pfeffer und der Hälfte des Rosmarins vermischen. Den Edamer grob raspeln und untermischen.

3 Die Margarine bei milder Hitze schmelzen. Die Teigblätter nebeneinander auf die Arbeitsfläche legen und mit der geschmolzenen Margarine bestreichen. Zwei der Blätter übereinander in eine Auflaufform (20 x 20 cm) legen und die Teigränder überlappen lassen.

4 Die Füllung darauf verteilen, die restlichen Blätter übereinanderlegen und die Füllung damit abdecken. Die überstehenden Teigränder abschneiden, die Teigoberfläche mit Milch einpinseln und im vorgeheizten Backofen auf der mittleren Schiene 25–30 Minuten garen. Mit dem restlichen Rosmarin bestreuen und servieren.

GEBACKENER ROTKOHL

ZUTATEN *für 4 Personen*

1 kg frischer Rotkohl
1–2 EL Essig
200 ml Crème fraîche
oder Schmand
200 ml süße Sahne
½ Päckchen gemischte
Kräuter (tiefgekühlt)
150 g Schafskäse
Salz, Pfeffer

ZUBEREITUNG

1 Den Backofen auf 200 °C vorheizen. Den Rotkohl mit Strunk halbieren. Etwa 3 l Wasser mit etwas Salz und dem Essig aufkochen. Den Kohl hineingeben und ca. 10 Minuten kochen.

2 Den Kohl herausnehmen, gut abtropfen lassen und den Strunk herausschneiden. Den Kohl in 1–2 cm dicke Scheiben schneiden und in einer gefetteten feuerfesten Form fächerförmig anordnen.

3 Die Crème fraîche und die Sahne mit den Kräuter vermischen und mit Salz und Pfeffer abschmecken. Den Kohl damit übergießen. Den Schafskäse zerbröckeln und darüberstreuen.

4 Im vorgeheizten Backofen etwa 45–50 Minuten überbacken.

DEN ROTKOHL MIT FRISCH GERÖSTETEN CROÛTONS BESTREUEN.

Veggie-AUBERGINEN-MOUSSAKA

ZUTATEN *für 4 Personen*

800 g Kartoffeln
3 Auberginen
5 EL Pflanzenöl
1 Zwiebel
3 Knoblauchzehen
1 große Dose gehackte Tomaten
1 TL getrockneter Oregano
150 g geriebener Emmentaler
Salz, Pfeffer

Für die Béchamelsoße:
3 EL Butter
3 EL Mehl
500 ml Milch
1 TL Zitronensaft
Muskat
Salz, Pfeffer

STATT DER BÉCHAMELSOSSE KANN MAN AUCH EINFACH 2 BECHER SCHMAND MIT ZITRONENSAFT, SALZ UND PFEFFER ABSCHMECKEN UND ÜBER DIE LETZTE SCHICHT KARTOFFELN VERTEILEN.

ZUBEREITUNG

1 Die Kartoffeln in einem großen Topf mit Salzwasser gar kochen. Den Backofen auf 180 °C vorheizen.

2 In der Zwischenzeit die Auberginen waschen, putzen und längs in Scheiben schneiden. Leicht salzen und portionsweise in 4 EL heißem Öl anbraten. Herausnehmen und auf Küchenkrepp abtropfen lassen.

3 Die Zwiebel und den Knoblauch abziehen und fein hacken. Das restliche Öl erhitzen und die Zwiebeln und den Knoblauch anbraten. Die gehackten Tomaten dazugeben, mit dem Oregano sowie Salz und Pfeffer würzen und ca. 20 Minuten zu einer dicklichen Soße einkochen lassen.

4 Die fertig gegarten Kartoffeln abgießen, pellen und in Scheiben schneiden.

5 Für die Béchamelsoße in einem Topf die Butter schmelzen, das Mehl hineinrühren und unter ständigem Rühren kurz anschwitzen. Dann mit der Milch auffüllen und mit einem Rührbesen schnell verrühren, damit sich keine Klümpchen bilden. Kurz aufkochen lassen, den Zitronensaft hinzugeben und mit Muskat, Salz und Pfeffer abschmecken.

6 In eine ausgefettete Auflaufform abwechselnd je eine Lage Auberginenscheiben, Tomatensoße und Kartoffeln schichten. Die letzte Schicht Kartoffeln mit der Béchamelsoße begießen, mit dem Emmentaler bestreuen und mit Auberginenscheiben belegen.

7 Den Auflauf im vorgeheizten Ofen auf der unteren Schiene 30–40 Minuten backen, bis die Oberfläche leicht gebräunt ist. Eventuell vor Ablauf der Zeit mit Alufolie abdecken, damit die Oberfläche nicht zu dunkel wird.

GEMÜSEAUFLAUF mit NUSSKRUSTE

ZUTATEN *für 4 Personen*

500 g festkochende Kartoffeln
300 g Karotten
2 Pastinaken
½ Hokkaido-Kürbis
400 ml Gemüsebrühe
100 g geriebener Emmentaler
100 ml süße Sahne
50 g gehackte Haselnusskerne
30 g Semmelbrösel
30 g weiche Butter
Muskat
Pfeffer

ZUBEREITUNG

1 Den Backofen auf 200 °C vorheizen. Die Kartoffeln, die Karotten und die Pastinaken schälen, waschen und in ca. 4 mm dicke Scheiben schneiden oder hobeln. Den Kürbis entkernen, zuerst in Spalten und dann in ca. 4 mm dicke Scheiben schneiden.

2 Die Gemüsebrühe aufkochen und die Kartoffeln darin ca. 5 Minuten vorkochen. Mit einer Schaumkelle herausheben und beiseitestellen. Die Karotten in der Gemüsebrühe ca. 8 Minuten kochen und dann herausnehmen.

3 Die Pastinaken und den Kürbis ebenfalls in der Brühe ca. 3 Minuten vorgaren, herausheben und zusammen mit dem übrigen vorgegarten Gemüse in eine Auflaufform geben. Die Hälfte des geriebenen Emmentalers mit der Sahne und etwas Gemüsebrühe verrühren.

4 Die Soße mit Pfeffer und Muskat abschmecken. Die Nüsse mit den Semmelbröseln, dem restlichen Käse und der Butter mischen. Die Soße über das Gemüse gießen und die Nuss-Käse-Mischung darauf verteilen. Im Backofen ca. 25 Minuten backen.

KOHLRABI-GRATIN

ZUTATEN *für 4 Personen*

500 g Kohlrabi
400 g Kartoffeln
150 g Champignons
3 Frühlingszwiebeln
½ Bund Kerbel
6 Stängel Basilikum
15 g Mehl
1 EL Pflanzenöl
250 ml Milch
10 g Margarine
3 EL geriebener Parmesan
2 Tomaten
Muskat
Salz, Pfeffer

ZUBEREITUNG

1 Den Backofen auf 200 °C vorheizen. Die Kohlrabi und die Kartoffeln schälen und waschen, die Champignons und die Frühlingszwiebeln putzen und alles in Scheiben schneiden. Den Kerbel und das Basilikum waschen, trocknen und hacken.

2 Das Mehl in das heiße Pflanzenöl einrühren und bei mittlerer Hitze 1–2 Minuten anschwitzen. Mit der Milch ablöschen, aufkochen und unter Rühren 4–6 Minuten köcheln lassen.

3 Die Kräuter (bis auf 1 EL) in die Soße geben. Die Kohlrabi, die Kartoffeln und die Pilze fächerförmig in eine flache Gratinform schichten. Mit Muskat, Salz und Pfeffer würzen. Die Frühlingszwiebeln und die Soße gleichmäßig darüber verteilen, mit Margarineflöckchen belegen und mit dem Käse bestreuen.

4 Im vorgeheizten Backofen auf der mittleren Schiene 20–25 Minuten goldbraun überbacken.

5 Die Tomaten in kochendem Wasser blanchieren, abschrecken, häuten, entkernen und in Streifen schneiden. Die Tomatenstreifen mit den restlichen Kräutern über das Gratin streuen.

ZUTATEN *für 4 Personen*

Für die Pfannkuchen:
250 g Mehl
1 TL Salz
400 ml Milch
4 Eier
2 EL Butterschmalz

Für den Auflauf:
4 Stangen Porree
250 ml Gemüsebrühe
250 ml Milch
150 g mittelalter Gouda
2 EL Sonnenblumenkerne
Salz, Pfeffer

Für die Mehlschwitze:
2 EL Butter
1 EL Mehl
heiße Gemüsebrühe

ÜBERBACKENE PFANNKUCHENROLLEN

ZUBEREITUNG

1 Den Backofen auf 200 °C vorheizen. Für den Pfannkuchenteig das Mehl mit dem Salz, der Milch und den Eiern verrühren und 20 Minuten quellen lassen.

2 In der Zwischenzeit den Porree putzen, waschen und in ca. 15 cm lange Stücke schneiden. In Salzwasser ca. 10 Minuten garen, abgießen, kalt abschrecken und gut abtropfen lassen.

3 Für die Mehlschwitze die Butter in der Pfanne erhitzen, bis kleine Bläschen zu sehen sind. Das Mehl darübergeben und verrühren. Dann etwas heiße Gemüsebrühe dazugeben und gut umrühren. So lange Brühe hinzufügen, bis eine sämige Flüssigkeit entstanden ist.

4 Die Gemüsebrühe für den Auflauf und die Milch aufkochen, die Mehlschwitze dazugeben und 1 Minute kochen lassen. Den Käse reiben und ⅔ davon in der Soße schmelzen lassen. Mit Salz und Pfeffer würzen.

5 Den Pfannkuchenteig nochmal kräftig durchrühren. Die Pfannkuchen in ein wenig Butterschmalz backen. Eine Auflaufform mit Butter einfetten. Je ein Porreestück in einen Pfannkuchen wickeln. Die Pfannkuchenrollen nebeneinander hineinlegen und mit der Soße übergießen.

6 Den restlichen geriebenen Gouda und die Sonnenblumenkerne über den Auflauf streuen. Den Auflauf im vorgeheizten Backofen ca. 20–25 Minuten backen.

FÜR VEGANE PFANNKUCHEN BRAUCHT MAN: 1 TASSE APFELSAFT, 2 TL BACKPULVER, 2 TASSEN MEHL, 2 TL ZUCKER, 1 TASSE SOJAMILCH UND 1 PRISE SALZ.

FRITTATA

ZUTATEN *für 3 Personen*

70 g Zwiebeln
150 g Zucchini
150 g rote Paprikaschote
150 g gelbe Paprikaschote
5 EL Olivenöl
300 g gekochte Kartoffeln
1 TL scharfes Paprikapulver
75 ml süße Sahne
6 Eier
100 g geriebener Parmesan
2 TL Gemüsebouillon
(in Pulverform)
1 TL getrockneter Thymian
1 TL getrockneter Majoran
1 EL Mehl
20 g Pinienkerne
½ Bund Petersilie
Salz, Pfeffer

ZUBEREITUNG

1 Den Backofen auf 200 °C vorheizen. Die Zwiebeln, die Zucchini und die Paprika in 1 cm große Würfel schneiden. In 2 EL Olivenöl in einer ofenfesten Pfanne anbraten.

2 Die Kartoffeln in 1 cm große Würfel schneiden, dazugeben und mitbraten. Mit Paprikapulver und Salz würzen, dann aus der Pfanne nehmen.

3 Die Pfanne mit Backpapier auslegen und das Gemüse in die Pfanne geben. Die Sahne steif schlagen. Die Eier mit 40 g Parmesan, der Gemüsebouillon, den Kräutern und dem Mehl verquirlen.

4 Mit Pfeffer würzen, die Sahne unterheben und über das Gemüse geben. Mit 40 g Parmesan bestreuen und die Frittata im vorgeheizten Backofen ca. 20 Minuten backen.

5 Die Pinienkerne in einer Pfanne anrösten. Die Petersilie waschen, trocknen und die Blätter von den Stielen zupfen, mit dem restlichen Olivenöl und Parmesan mischen. Die Mischung mit etwas Salz abschmecken und separat zur Frittata reichen.

ANSTATT PAPRIKA KÖNNEN SIE NACH BELIEBEN AUCH TOMATEN ODER SPARGEL VERWENDEN.

SELLERIESCHNITZEL mit PILZRAGOUT

ZUTATEN *für 4 Personen*

500 g Sellerie
1 kg gemischte Pilze
1 Zwiebel
1 Knoblauchzehe
2 EL gemahlene Haselnüsse
2 EL Paniermehl
2 EL Mehl
1 Ei
4 EL Margarine
100 ml Rotwein oder Traubensaft
200 g Crème fraîche
1 TL getrockneter Majoran
Salz, Pfeffer

ZUBEREITUNG

1 Den Sellerie schälen, putzen und in ca. 1 cm dicke Scheiben schneiden. Die Pilze putzen und gegebenenfalls in Stücke schneiden. Die Zwiebel und den Knoblauch abziehen und fein würfeln. Die Haselnüsse und das Paniermehl mischen. Die Selleriescheiben erst im Mehl, dann im verquirlten Ei und zuletzt in der Paniermehl-Haselnuss-Mischung wenden.

2 2 EL der Margarine in einer Pfanne erhitzen und die Sellerieschnitzel bei mittlerer Hitze ca. 4 Minuten von jeder Seite anbraten. Die restliche Margarine in einem großen Topf erhitzen, die Pilze darin ca. 5 Minuten anbraten, die Zwiebel und den Knoblauch dazugeben und ca. 2 Minuten mitbraten.

3 Den Rotwein (oder Traubensaft) und die Crème fraîche dazugeben, aufkochen und mit Majoran, Salz und Pfeffer würzen. Die Sellerieschnitzel mit dem Pilzragout servieren.

FLAMMKUCHEN mit APFEL und ZIEGENKÄSE

ZUBEREITUNG

1 Die Margarine bei milder Hitze in einem Topf schmelzen lassen. Die Milch hinzufügen und handwarm erhitzen. Das Mehl und die Hefe gut miteinander vermischen.

2 Die Hefe-Mehl-Mischung mit dem Salz, dem Zucker und der Margarine-Milch mit den Knethaken des elektrischen Handrührers und den Händen zu einem glatten Teig verarbeiten. Abgedeckt mit einem leicht feuchten Tuch an einem warmen Ort 30 Minuten gehen lassen.

3 Den Backofen auf 220 °C vorheizen. Den Teig in 6 Portionen aufteilen und auf einer leicht bemehlten Arbeitsfläche zu dünnen Fladen ausrollen. Auf mit Backpapier belegte Backbleche legen und mit der Crème fraîche bestreichen.

4 Die Äpfel vierteln, entkernen und in dünne Spalten schneiden. Den Ziegenkäse in Scheiben schneiden. Die Äpfel und den Ziegenkäse auf den Teigfladen verteilen und im vorgeheizten Backofen ca. 20 Minuten backen.

5 Den Rucola putzen, grob zerpflücken und auf die Flammkuchen streuen. Mit Balsamico-Creme dekorieren und die Flammkuchen noch heiß genießen.

VERSUCHEN SIE DOCH MAL EINE WEITERE VEGETARISCHE VARIANTE: MIT KIRSCHTOMATEN, PILZEN UND RUCOLA ZUBEREITET.

WER KEINE ZEIT HAT, DEN TEIG SELBST ANZUSETZEN, KANN AUCH AUF BROTTEIG-MISCHUNGEN ZURÜCKGREIFEN.

ZUTATEN *für 6 Stück*

Für den Teig:
- 100 g Margarine
- 250 ml Milch
- 400 g Mehl
- 1 Päckchen Trockenhefe
- 1 TL Salz
- 1 TL Zucker

Für den Belag:
- 200 g Crème fraîche
- 2 Äpfel
- 200 g Ziegenkäse
- 1 Bund Rucola
- Balsamico-Creme

KARTOFFELNOCKEN mit BEERENSALAT

ZUTATEN *für 6 Personen*

Für die Kaltschale:

2 Eier
1 unbehandelte Zitrone
200 g Quark
Mark einer Vanilleschote
1 Päckchen Vanillezucker
60 g Zucker
1 Packung Kartoffelknödel halb & halb
4 EL Butter
Salz

Für den Beerensalat:

700 g gemischte Beeren (z. B. Himbeeren, Johannisbeeren, Blaubeeren)
4 EL Puderzucker
4 EL Crème de Cassis

ZUBEREITUNG

1 Für die Kartoffel-Quark-Nocken die Eier trennen, die Zitrone abspülen und die Schale auf einer Küchenreibe fein abreiben. 1 TL der Zitronenschale, die Eigelbe, den Quark, 750 ml Wasser, das Vanillemark, den Vanillezucker und den Zucker verrühren. Das Eiweiß mit einer Prise Salz steif schlagen. Das Kartoffelknödelpulver in die Quarkmischung einrühren. Den Eischnee unterheben und alles ca. 5 Minuten quellen lassen.

2 Aus dem Kartoffelteig mit zwei Esslöffeln die Nocken abstechen und diese in sprudelnd kochendem Salzwasser 5 Minuten garen. Die Kartoffelnocken mit einer Schaumkelle aus dem Wasser nehmen und abtropfen lassen. Die Butter in einer Pfanne erhitzen und die Nocken darin portionsweise goldbraun braten.

3 Für den Beerensalat die Beeren verlesen, abspülen und mit 2 EL Puderzucker und der Crème de Cassis vorsichtig vermischen. Die Nocken und den Beerensalat anrichten, mit Puderzucker bestäubt servieren.

KOKOS-PILAW

ZUTATEN *für 4–6 Personen*

1 Zwiebel
1 EL Pflanzenöl
400 g Basmatireis
3 EL Kokosraspel
3 EL Rosinen
½ TL gemahlener Zimt
½ TL gemahlener Kardamom
1 Döschen Safran
800 ml Gemüsebrühe
400 ml Milch
Salz, Pfeffer

ZUBEREITUNG

1 Die Zwiebel abziehen, in feine Würfel schneiden und im heißen Öl anbraten. Den Basmatireis, die Kokosraspel und die Rosinen zugeben und mitbraten. Den Zimt, den Kardamom und den Safran hinzufügen.

2 Die Gemüsebrühe und die Milch dazugießen und aufkochen lassen. Zugedeckt bei schwacher Hitze ca. 15 Minuten quellen lassen. Zum Schluss das Kokos-Pilaw mit Salz und Pfeffer abschmecken.

3 Dazu schmecken in Butter gedünstete Pfirsichscheiben und gehackte Pistazienkerne sehr gut.

BEERENSUPPE mit ZITRONENGRAS

ZUTATEN *für 4 Personen*

500 g gemischte Beeren
2 Stängel Zitronengras
1 Vanilleschote
250 ml süße Sahne
100 g brauner Zucker
einige Zitronenmelisseblättchen

ZUBEREITUNG

1 Die Beeren waschen, putzen und verlesen. Ein paar Beeren für die Einlage beiseitestellen. Das Zitronengras waschen, trocken tupfen und in je 4 Stücke schneiden.

2 Die Beeren, das Zitronengras, die Vanilleschote, die Sahne und den braunen Zucker mit 250 ml Wasser in einen Topf geben und aufkochen. Anschließend ca. 15 Minuten bei schwacher Hitze kochen.

3 Das Zitronengras und die Vanilleschote herausnehmen und die Suppe durch ein Sieb streichen. Auf Tellern verteilen, die restlichen Beeren hineingeben und mit Zitronenmelisseblättchen dekorieren. Die Beerensuppe schmeckt warm und kalt.

ORANGENSUPPE mit KOKOS-PANNACOTTA

ZUTATEN *für 6 Personen*

Für die Pannacotta:
250 ml Kokosmilch
½ TL Chiliflocken
1 Päckchen Vanillezucker
50 g Zucker
6 Blatt weiße Gelatine
250 ml süße Sahne

Für die Suppe:
2 Blutorangen
½ EL Speisestärke
500 ml Blutorangensaft
50 g Zucker

ZUBEREITUNG

1 Die Kokosmilch, die Chiliflocken, den Vanillezucker und den Zucker einmal aufkochen und ca. 10 Minuten bei kleiner Hitze ziehen lassen. Inzwischen die Gelatine 5 Minuten in kaltem Wasser einweichen. Die Gelatine ausdrücken, in die warme Kokosmilch geben und zügig mit einem Schneebesen verrühren.

2 Die Kokosmilch durch ein Sieb gießen, mit der Sahne verrühren und auf 6 Förmchen verteilen. Die Pannacotta für etwa 6 Stunden kalt stellen. Die Orangen schälen. Die Filets herausschneiden und zur Seite stellen. Die Speisestärke mit 5 EL Blutorangensaft verrühren. Den restlichen Saft und den Zucker zum Kochen bringen und mit der angerührten Stärke leicht abbinden. Die Orangensuppe ebenfalls kalt stellen.

3 Die Förmchen der Kokos-Pannacotta kurz unter heißes Wasser halten. Die Suppe in Teller verteilen und je eine Pannacotta in die Mitte der Suppe geben.

REGISTER

Genehmigte Lizenzausgabe
EDITION XXL GmbH
Industriestraße 19
64407 Fränkisch-Crumbach 2016
www.edition-xxl.de

Idee und Projektleitung: Sonja Sammüller
Layout, Satz und Umschlaggestaltung:
design cat GmbH

ISBN 978-3-89736-088-4

Bildnachweis
Wir danken folgenden Firmen für ihre freundliche Unterstützung:
Unilever Deutschland GmbH, Hamburg
Becel 16, 21, 37, 52, 64, 69
Bertolli 22–23
Knorr 14, 20, 35, 48, 60, 61, 65, 68, 72, 77
Mondamin 17, 26–27, 43, 45, 47, 50, 51, 56–57, 70–71
Pfanni 10–11, 76
Rama 12, 18, 19, 34, 36, 38–39, 53, 63
Rama Cremefine 9, 15, 30–31, 42, 46, 54–55, 62, 73, 78, 79
Sanella 29, 74–75

Shutterstock: Abel Tumik 7; Andrey Starostin 7; ANNA WITKIEWICZ 41; B Calkins 7; bonchan 6; Brent Hofacker 58; Craevschii Family 5; Elena Schweitzer 6, 7; Elena Shashkina 13; Elena Veselova 32; Feng Yu 7; getideaka Cover back; hlphoto 67; Jiri Hera 5; Kiian; Kritchanut Cover; Oksana 49; kitty 25; Lucky_elephant 24; Madlen 7; marco mayer 6; marysckin 40; Nataliya Arzamasova 23; Olga Popova 6; robynleigh 7; sarsmis 8, 33; serdar bayraktar 7; Shaiith 59; Slawomir Fajer 28; Studio 52 2–3; Tatsiana Tsyhanova 4; violeta pasat 44; wow.subtropica 2–8